招标采购常见问题汇编
——解疑释惑 400 问

中国招标投标协会　主编

中国计划出版社

北　京

图书在版编目（CIP）数据

招标采购常见问题汇编 : 解疑释惑400问 / 中国招标投标协会主编. -- 北京 : 中国计划出版社, 2020.9（2024.8重印）
ISBN 978-7-5182-1229-3

Ⅰ. ①招… Ⅱ. ①中… Ⅲ. ①采购－招标－中国－问题解答 Ⅳ. ①F284-44

中国版本图书馆CIP数据核字(2020)第172110号

招标采购常见问题汇编——解疑释惑 400 问
ZHAOBIAO CAIGOU CHANGJIAN WENTI HUIBIAN——JIEYI SHIHUO 400 WEN
中国招标投标协会　主编

中国计划出版社出版发行
网址：www.jhpress.com
地址：北京市西城区木樨地北里甲 11 号国宏大厦 C 座 4 层
邮政编码：100038　电话：(010) 63906433（发行部）
三河富华印刷包装有限公司印刷

787mm×1092mm　1/16　18.5 印张　241 千字
2020 年 9 月第 1 版　2024 年 8 月第 6 次印刷

ISBN 978-7-5182-1229-3
定价：78.00 元

前　言

本书取材自近三年来《招标采购管理》杂志“解疑释惑”栏目刊发的招标采购有关热点问题解答。依据最新出台的招标采购相关法律法规，杂志编辑部剔除了已经过时的问题，并对相关问题解答再次审核修订，共收录专家解答的问题400个。内容涉及工程、货物、服务三大领域，涵盖招标准备、资格预审、招标投标、开标评标与定标、合同签订以及后续服务等招标采购全流程中常见问题及解答，也包括政府采购、机电产品国际招标、企业采购、政府和社会资本合作（PPP）中有别于工程招标的法规政策等相关问题解答，供广大招标采购专业人员参考。

目　录

工　程　篇

一、招标投标 / 3

1. 如何判断货物是否为与工程建设有关的货物？/ 3

2. 国有施工单位自建工程项目是否可以依法豁免招标？/ 4

3. 前期咨询采购是否属于强制招标范畴？/ 4

4. 国企办公楼装修工程是否必须招标？/ 5

5. 非政府投资的小区居民楼燃气管道施工项目可以不招标吗？/ 6

6. 政府投资项目实施单位具有相应资质，是否可以不招标？/ 6

7. 政府投资项目零星工程是否可以不招标？/ 7

8. 国企技改项目初步设计是否必须招标？/ 8

9. 合并采购后达到必须招标的限额标准是否需要招标？/ 8

10. 《必须招标的工程项目规定》（国家发展改革委令第 16 号）第五条中的“达到下列标准之一”该如何理解？/ 9

11. 依法必须招标的项目是否应当进入公共资源交易平台？/ 10

12. 国企投资的工程项目是否属于进场交易项目？/ 11
13. 所有施工项目均须履行概算审批手续以后才可以招标吗？/ 11
14. 非依法必须招标的政府采购工程项目是否需要编制政府采购实施计划？/ 12
15. 政府采购工程项目投资金额未达到公开招标的数额标准，可以选择采用公开招标方式吗？/ 13
16. 招标启动前，建设单位可以与施工单位签署项目合作备忘录吗？/ 13
17. 招标方式可以用于出售标的吗？/ 14
18. 国有和民营资本联合投资项目可以直接选定施工企业吗？/ 14
19. 应急工程是否可以执行简易招标程序？/ 15
20. 施工总承包单位是否必须通过招标方式选择分包商？/ 16
21. 施工总承包单位是联合体，分包项目该如何组织招标？/ 17
22. 依法必须招标的项目可以在企业供应商库中选择施工单位吗？/ 17
23. 工期很紧的国企办公楼改造项目可以采用邀请招标吗？/ 18
24. 单一工程建设项目的货物采购可否采用单价招标？/ 19
25. 办理建设手续时被告知没有进行招投标，但已进行政府采购，该如何处理？/ 19
26. 同时立项的工程是否可以分别招标？/ 20
27. 招标人是否有权自主选用资格审查方式？/ 21
28. 最高投标限价可以按不含税价设置吗？/ 21
29. 加分项是否会存在排斥潜在投标人的嫌疑？/ 22
30. “兼投不中”是否构成以不合理条件排斥潜在投标人？/ 22
31. 招标人要求招标项目施工企业与项目材料生产商联合投标是否可行？/ 23

32. 母子公司业绩可否混用？/ 23
33. 招标人是否可以要求投标人必须具备高于项目需求的资质条件？/ 24
34. 招标文件是否必须明确中标单位的数量？/ 24
35. 招标文件是否可以约定保证金不予退还的其他情形？/ 25
36. 公路工程投标保证金上限可以超过 80 万元吗？/ 25
37. 工程履约保证金和质量保证金是否可以同时预留？/ 26
38. 在招标文件中是否可以对投标单位提出业绩要求和人员资格要求？/ 27
39. 接受联合体投标的，应该要求联合体各方均具备特定的资质还是有一方具备即可？/ 28
40. 自愿招标项目的招标公告也必须在指定媒介发布吗？/ 28
41. 招标公告可以主动推送给潜在投标人吗？/ 29
42. 依法必须招标工程项目的招标公告发布媒体可否只选择中国政府采购网？/ 30
43. 投标截止后已知潜在投标人少于 3 个，应何时发布招标失败公告？/ 31
44. 水利项目的招标公告可以在所在省份水利系统自己的招投标服务平台上发布吗？/ 31
45. 邀请招标项目出售标书时间已过，还可以出售招标文件吗？/ 32
46. 招标文件开始出售时间应当选择在工作日吗？/ 32
47. 招标文件发售期是否计入等标期内？/ 33
48. EPC 项目招标选择工程总承包商时应采用什么标准与合同？/ 34
49. EPC 总承包项目中联合体一方将施工工作分包给联合体另一方是否合法合规？/ 34

50. 总承包单位具备相应资质，暂估价项目是否必须招标？/ 36
51. 两个可以合并招标的项目分别采购，是否涉嫌化整为零规避招标？/ 37
52. 国有企业厂房改造项目方案变更后达到依法必须招标的规模标准是否应重新招标？/ 38
53. 招标项目被暂停，投标保证金可以退还吗？/ 38
54. 暂停项目重启后开标时间如何设置？/ 39
55. 公开招标失败后是否可以直接发包？/ 40
56. 工程监理两次招标失败后可否改变采购方式？/ 40
57. 招标人是否有权终止招标活动？/ 41
58. 招标人感觉中标人的报价不合理，是否可以将本次招标作废，重新招标？/ 42
59. 法人与法定代表人有何区别？/ 43
60. 两家公司法定代表人是夫妻关系，参加同一个项目投标，能否认定为串标？/ 43
61. 项目前期咨询单位是否可以参加该项目 EPC 投标？/ 44
62. 投标活动是否允许个体户参加？/ 45
63. 分公司可以投标吗？/ 45
64. 分公司能否用总公司的资质投标？/ 46
65. 母子公司参加同一项目投标，评标时母公司主动放弃投标，对子公司的投标应如何处理？/ 47
66. 如何理解“母公司、全资子公司及其控股公司”不得同时投标？/ 48
67. 根据《工程建设项目施工招标投标办法》，无资格参加投标的附属机构包括哪些？/ 49
68. 工程施工项目中，母公司是否可以将招标项目直接发包给具备施

工资质的子公司？/ 49
69. 新公司能否继承原公司的资质及合同业绩？/ 50
70. 如何界定招标人和投标人是否存在利害关系？/ 51
71. 拥有多个专业证书的建造师是否可以同时承接多个相应专业的建设项目？/ 51
72. 交易中心是否有权认定投标无效？/ 52
73. 投标单位领取招标文件后企业名称发生变更怎么办？/ 52
74. 项目设计招标时，项目勘察单位的控股企业是否可以参加投标？/ 53
75. 两家投标企业的股东互为法定代表人，是否可以参加同一项目投标？/ 53
76. 何为投标人之间存在管理关系？/ 54
77. 投标保证金忘了退还怎么办？/ 55
78. 招标文件可以要求投标保证金汇入代理公司的分支机构吗？/ 56
79. 不予退还的投标保证金归谁所有？/ 56
80. 两家单位由同一人领取澄清文件是否构成串标？/ 57
81. 招标失败投标人是否可以索赔投标成本？/ 58
82. 法定代表人相同的两家企业可以组成联合体投标吗？/ 58
83. 子公司是否可以与其他单位组成联合体，与其母公司同时参加一个项目投标？/ 59
84. 工程项目投标联合体的资质如何判定？/ 59
85. 同一母公司下属的三家子公司，一家子公司招标，另外两家子公司能否同时参与投标？/ 61

二、开标、评标与定标 / 62

86. 开标后是否允许提交投标文件副本？/ 62

87. 开标现场发现投标无效应如何处理？/ 62
88. 商务标文件和技术标文件分别封装、一并递交，请问可否在不同时段分别开标？/ 63
89. 投标人迟到，招标人能否接受其递交的投标文件并开标？/ 64
90. 修改投标保证金账户是否需顺延开标时间？/ 64
91. 未按照规定程序开标应如何处理？/ 66
92. 工程项目招标，符合条件的投标人只有两家怎么办？/ 66
93. 流标项目投标文件要拆封唱标吗？/ 67
94. 只有 3 家投标人的项目开标过程中有一家投标人撤销投标，是否可以继续开标？/ 68
95. 电子开评标项目，成功解密的招标文件不足 3 家，可以开标吗？/ 69
96. 投标人不参加开标会议如何确认开标结果？/ 69
97. 招标人可以不派代表参与评标吗？/ 70
98. 业主可以委托代理机构的工作人员作为招标人代表参与评标吗？/ 70
99. 同一项目法人下的同类项目是否可以使用同一批专家评审？/ 71
100. 业主代表进入评标委员会有什么要求？/ 71
101. 评审结束后发现专家应当回避而未回避的应如何处理？/ 72
102. 单项货物报价奇高，招标人应如何处理？/ 73
103. 评标委员会可否要求与投标人进行面对面澄清？/ 73
104. 招标人可否另行组建评标委员会重新评标？/ 74
105. 评标委员会在什么情况下可以重新评标或者审查确认？/ 75
106. 中标通知书发出后发现评审错误怎么办？/ 76
107. 业主评委被证实在招标评标期间有接受投标人吃请行为应如何处理？/ 76

108. 投标函报价大小写填写位置错误怎么办？/ 77
109. 评标委员会评标期间是否有义务核实投标信息真伪？/ 78
110. 评标专家用铅笔打分是否有效？/ 79
111. 投标文件分装不符合要求是否可以否决投标？/ 79
112. 评审时可以改变评审规则吗？/ 80
113. 报名资料中的人员与投标文件中不一致，该投标文件是否有效？/ 81
114. 评标专家可否通过网络查询或第三方机构发现类似处罚或诉讼记录进行否决投标？/ 82
115. 评标委员会是否可以以投标人的报价低于成本价为由否决其投标？/ 82
116. 两家投标人投标报价相同是否可以认定为串标？/ 83
117. 发现两家投标单位用同一台电脑制作或上传投标文件，可以认定为串标吗？/ 84
118. 中标候选人的投标报价相近且均只稍低于最高限价，招标人该如何处理？/ 84
119. 不同投标人递交了同一份资格审查文件，该如何处理？/ 85
120. 工程项目评标结果公示期该如何计算？/ 86
121. 如何认定建造师是否有在建项目？/ 86
122. 第一中标候选人有在建项目是否可以按序定标？/ 87
123. 第一中标候选人查实有违法行为需要重新评审吗？/ 88
124. 施工项目采用经评审的最低投标价法评标，是否可以自由选择中标人？/ 89
125. 母、子公司是否可以先后参加同一项目投标？/ 89
126. 国有资金占控股的施工项目，招标人是否可以确定排名第二的中

标候选人中标？/ 90
127. 某国企招标项目，第一中标候选人的投标价格高于招标人的项目预算，招标人是否可以选择第二中标候选人为中标人？/ 91
128. 是否应当公布所有投标人的分项得分？/ 92
129. 邀请招标项目需要公示中标候选人吗？/ 93
130. 投诉期时间应如何确定？/ 94
131. 第二中标候选人放弃中标资格还需要告知其中标结果吗？/ 95
132. 第一中标候选人放弃中标后该如何处理？/ 95
133. 中标人不能履行承诺，后续流程应该如何处理？/ 96
134. 中标候选人公示期间发现第一中标候选人提供了虚假材料，应如何处理？/ 97
135. 政府采购工程两次招标失败应如何处理？是否可以不再进行招标？/ 98
136. 工程货物招标项目招标人在定标阶段是否可以终止招标？/ 98

三、合同签订、合同履行 / 99

137. 签订合同时可以变更工期吗？/ 99
138. 签订中标合同时，是否可以改变项目内容？/ 100
139. 合同签订后发现中标人提供虚假材料应该如何处理？/ 101
140. 中标人营业执照中的公司住所与经营场所不一致，是否可以取消中标资格？/ 101
141. 集团公司中标后是否可以将项目交给子公司施工？/ 102
142. 是否可以在签订合同时调整中标范围和工程量？/ 103
143. 合同签约时间超过中标通知书要求的时间，该合同是否有效？/ 104

144. 设计方案变化，是否需要重新组织施工招标？/ 104
145. 投标有效期已过，招标人是否还可以与中标人签订合同？/ 105
146. 解除合同后，发包人是否可以选择本标段的其他中标候选人实施剩余工作量？/ 105
147. 政府采购项目签署补充合同，新增金额超过原采购金额的 10%该如何处理？/ 106
148. 工程结算中超出合同金额是否执行《政府采购法》第四十九条规定？/ 107

四、异议与投诉 / 107

149. 招标人或招标代理机构是否有权调查第一中标候选人业绩的真伪？/ 107
150. 招标人对招标公告中项目经理设置有异议，该如何处理？/ 108
151. 可以在评标结果公示文本中对异议函的形式提出要求吗？/ 108
152. 提出第二次异议的有效时间应该从哪天算起？/ 109
153. 两份异议是否可以一并答复？/ 110
154. “投标人或其他利害关系人”中的“其他利害关系人”具体指什么？/ 111
155. 如何认定“知道或者应当知道之日起 10 日内”？/ 111
156. 根据《工程建设项目招标投标活动投诉处理办法》规定，哪些情形的投诉行政监督部门不予受理？/ 112
157. 评审错误可以投诉评标委员会吗？/ 113
158. 不同标段同一业绩造假该如何处理？/ 113
159. 摇号确定中标人是否可取？/ 114
160. 中标候选人弄虚作假应当承担什么法律责任？/ 115

161. 投诉材料投诉到招管局（招投标监管单位）、纪委（立案）、检察院（立案），三个部门在时间上不能一致，致使招标停止很长时间，该如何处理？/ 116

五、其他 / 117

162. 招标师职业资格许可取消后，招标师证书是否有效？/ 117
163. 政府采购与工程有关的货物时如何正确选择适用法律？/ 118
164. 政府采购工程进行招标投标的，适用《招标投标法》还是《政府采购法》？/ 118
165. 总承包项目对暂估价未公开招标，审计中发现价格确认单的价格高于市场价，应当如何处理？/ 119
166. 招标人在招标文件中明确推荐品牌是否违法？/ 120

货　物　篇

一、政府采购 / 125

1. 政府采购制度框架下的租赁货物属于货物采购还是服务采购？/ 125
2. 某预算单位的工会组织使用工会资金是否应当进行政府采购？/ 125
3. 实行进口许可证管理的机电产品是否适用《政府采购法》及其条例？/ 126
4. 中外合资企业使用财政性资金进行采购，是否属于政府采购？/ 126
5. 政府采购项目中既有货物又有工程，应如何定性？/ 127
6. 学校医院采购药品如果符合相关规定，可以不采用政府采购的程序吗？/ 127
7. 政府采购中哪些项目可以实行定点采购？/ 127

8. 非京内的中央预算单位应如何申请采购进口产品？/ 128
9. 限额以下进口产品是否需要进行进口论证？/ 128
10. 项目资金尚未到位，能否启动招标？/ 129
11. 招标文件审核对专家有什么要求？/ 129
12. 只向入围供应商采购货物是否合法？/ 130
13. 一个标包是否只能有一家中标人？/ 130
14. 采购文件中明确要求采购图书的书名及出版社是否合法？/ 130
15. 预算单位向贫困地区采购农副产品是否需通过国家指定的网络交易平台进行？/ 131
16. 集中采购目录之外的项目必须委托集中采购机构采购的规定是否合规？/ 131
17. 《集中采购目录》中同一品目没有达到公开招标的数额标准，可否不公开招标？/ 132
18. “采购意向公开时间不得晚于采购活动开始前 30 日”的“采购活动开始”是指什么时间？/ 132
19. 单一来源采购项目是否应公开预算？/ 133
20. 同一标包确定两家中标供应商轮流供货是否合规？/ 134
21. 提交资格预审申请文件的时间期限是自公告发布之日起不得少于 5 个工作日还是 15 个工作日？/ 134
22. 发布资格预审公告后是否还要发布招标公告？/ 135
23. 政府采购货物使用公开招标方式时间来不及可改为询价吗？/ 136
24. 采购集成产品，核心产品可以是多个还是只能确定一个？/ 137
25. 采购代理机构可以要求供应商在领购文件时提供哪些资料？/ 138
26. 竞争性磋商项目延长采购文件发售期须顺延响应文件截止时间吗？/ 138

27. 联合体协议应在何时提供？/ 139
28. 招标文件没有规定否决投标条件，评委可否认定投标无效？/ 139
29. 政府采购中业绩要求如何设置？/ 140
30. 允许进口产品投标的项目，供应商可否为外国供应商？/ 141
31. 将“企业经营连续三年盈利”作为评审因素是否属于不合理要求？/ 141
32. 企业无亏损和企业资产负债率可否作为评审因素？/ 141
33. 政府采购中检测报告是否可以作为评分标准？/ 141
34. 价格不列为评审因素如何对小微企业进行价格扣除？/ 142
35. 将特定行业的业绩作为资格条件或评审因素是否违法？/ 142
36. 招标文件中可以要求提供省级平台对接测试证明（检测报告）并作为实质性要求吗？/ 143
37. 投标文件要求投标人提供项目所在地办公场所证明是否合法？/ 143
38. 资质已经作为资格条件，能否作为评审因素？/ 144
39. 有较大数额罚款的供应商是否具备政府采购资格？/ 144
40. 询价采购项目是否可以要求供应商提供生产厂家的授权函？/ 145
41. 台港澳合资企业是否属于外商投资企业？是否可以参加政府采购活动？/ 145
42. 供应商存在税务违法行为是否可以参加政府采购？/ 146
43. “参加政府采购活动前三年内，在经营活动中没有重大违法记录”是否适用单一来源项目？/ 147
44. 同一集团下的兄弟公司同时参加同一合同项下的政府采购活动是否违规？/ 148
45. 政府采购中招标文件能否多次更正？/ 148
46. 采购公告或采购文件发出后需对资格条件或采购标的作出修改，

应如何操作？/ 149
47. 政府采购中需求论证公示后评分标准是否可以修改？/ 149
48. 政府采购中取消投标保证金和履约保证金是否合理？/ 150
49. 非招标方式采购的，响应文件是否必须设置有效期？/ 150
50. 政府采购中暂停采购活动后多久可以恢复？/ 151
51. 货物招标项目可否设置“原产地应为中国境内”进行招标？/ 151
52. 代理商可以授权其他人投标吗？/ 152
53. 资质证书可以作为资格条件或加分项吗？/ 152
54. 一个公司的法定代表人是另一公司的控股股东是否属于控股关系？/ 153
55. 同一制造商生产的不同品牌可以参加同一合同项目下的投标吗？/ 153
56. 竞争性谈判项目，只有两家供应商购买文件怎么办？/ 154
57. 定点入围采购项目成交人是否应当依序递补？/ 155
58. 政府采购中供应商的中小企业资格应如何认定？/ 155
59. 个体工商户参与政府采购能不能享受6%～10%的价格扣除政策？/ 156
60. 政府采购时对小型、微型企业的价格扣除是否须执行同一个标准？/ 156
61. 以产地作为评分因素是否合理？进口产品的部件是否受管理限制？/ 157
62. 高新技术企业、相关专利等能否作为加分因素？/ 157
63. 是否可以对项目实施人员数量进行加分？/ 158
64. 采购强制性要求是否应作为招标的实质性条件？/ 158
65. 政府采购中小微企业提供的货物有部分来自其他大中型企业或小

微企业，应如何处理？/ 159
66. 中小企业声明函中“虚假”是指哪种情况？/ 159
67. 中小企业声明函需要投标企业和产品制造商同时出具吗？/ 159
68. 是否可以要求投标人除了中小企业声明函外，再提供一份财务报告？/ 160
69. 采购强制节能产品时所投产品不是品目清单里的产品时，是否认定投标无效？/ 160
70. 政府采购货物产品是否需要供应商提供节能产品认证证书？/ 161
71. LED灯是否为强制节能采购的产品？/ 161
72.《关于进一步规范政府采购评审工作有关问题的通知》当前是否仍然有效？/ 161
73. 资格审查超过三家而实质性审查通过后仅为两家，可以继续磋商吗？/ 162
74. 竞争性谈判中是否可以取消最后报价？/ 162
75. 竞争性磋商中供应商在提交最后报价时可否主动更改其质保期？/ 163
76. 竞争性磋商中除了“最后报价”能否调整其他内容？/ 163
77. 非招标采购项目，供应商最后报价的大写与小写不符时应如何处理（修正)？/ 164
78. 分公司以总公司的名义参加投标，业绩怎样计算？/ 164
79. 资格审查应由采购人审查，还是应由评审小组审查？/ 164
80. 如果评标委员会没有采购人代表，那么是由代理机构审查资格条件还是可以书面授权评审小组评审？/ 165
81. 评分因素中供应商业绩标准设置过高，是否造成对中小企业的歧视？/ 165

82. 评标委员会在应当停止评标时没有停止评审，应承担何种责任？/ 166
83. 采购人能否派监督人员进入评标现场？/ 166
84. 同一品牌不同投标人评审中如何排序？/ 166
85. 评审专家工作单位为排名第一的投标人的子公司，该评审专家是否需回避？/ 167
86. 评审委员会是否可以以外部资料推算技术指标符合评审标准？/ 168
87. 如何判断投标人实际投标产品的技术参数是否实质性响应采购需求？/ 168
88. 政府采购公开招标项目开标后多长时间评标为宜？/ 169
89. 供应商与评审专家相熟，是否应当回避？/ 169
90. 如何界定供应商的经营范围是否合格？/ 169
91. 供应商的员工都是不需要缴纳社保的人员，是否符合依法缴纳社保的要求？/ 170
92. 《政府采购竞争性磋商采购方式管理暂行办法》中的报价不足 3 家如何界定？/ 170
93. 制造商和代理商同时投同一个包件怎么办？/ 171
94. 在政府采购招标项目中，发现评审错误只能重新组织招标吗？/ 172
95. 交货期未按格式填写是否可以否决？/ 173
96. 竞争性磋商项目采购文件雷同是否可以视为串通情形？/ 173
97. 供应商响应文件第一次报价超出预算，是否可以参加下一轮报价？/ 174
98. 采用竞争性谈判等采购方式需符合哪些规定？/ 174

99. 采用竞争性谈判方式的政府采购项目，只有两家符合要求的供应商，谈判可否继续进行？/ 175
100. 竞争性谈判项目可以要求排名第二的供应商以排名第一的价格成交吗？/ 176
101. 供应商退出谈判导致投标人不足三家应如何处理？/ 177
102. 投标人投标有效期长于招标文件要求的时间，投标有效性是否受到影响？/ 177
103. 政府采购竞争性谈判项目是否必须进行多轮报价？/ 178
104. 单一来源采购中如何避免采购人的被动状态？/ 179
105. 评标委员会停止评标是否妥当？/ 179
106. 无厂商授权与确定供应商家数有必然联系吗？/ 181
107. 未中标单位的投标文件是否需要保存？/ 181
108. 投标人中标后撤销投标文件，采购人应如何处理？/ 182
109. 政府采购项目中标公告应公布哪些信息？/ 182
110. 政府采购中售后服务合作方提供服务是否属于分包？/ 183
111. 采购人要求代理机构作为合同见证方的要求是否合法合理？/ 183
112. 政府采购货物和服务项目是否可以收取质量保证金？/ 184
113. 合同履行金额超出中标金额的10%怎么办？/ 184
114. 付款条件是否可以适当修改？/ 185
115. 电子政务信息系统政府采购合同内容需要调整怎么办？/ 185
116. 签订合同时招标人要求提供招标文件以外的资料做附件是否合理？/ 186
117. 2015年颁布的《政府采购法实施条例》是否溯及在此之前的采购？/ 186
118. 已经招标的项目如何执行《政府采购贫困地区农副产品实施

方案》？/ 187
119. 政府采购货物招标项目，合同履约时发现货物设计错误怎么办？/ 187
120. 政府采购项目结算金额远远超出采购预算怎么办？/ 188
121. 采购人所属预算级次是按采购人单位属性还是资金拨付的财政部门的层级来确定？/ 188
122. 政府采购中的采购金额如何理解？/ 189
123. 暂扣许可证或者执照，是否属于“重大违法记录”？/ 189
124. 政府采购中个体工商户属于其他组织还是自然人？/ 189
125. 除对必要的原件核实外，供应商可以采用电子化方式递交投标文件吗？/ 190
126. 中标供应商放弃中标资格并拒签合同，如何处理？/ 190
127. 招标文件没有不合理条款应由谁负责界定？/ 191
128. 纪检监察机关对与招标投标活动相关主体实施监察是否合法？/ 191
129. 招标文件发出至投标截止之日少于 20 日，能否向采购人或代理机构提出质疑？/ 192
130. 下设机构所作业绩证明是否有效？/ 192
131. 采购代理机构能否处理质疑、投诉？是否必须有采购人的授权？/ 192
132. 供应商断货是否属于重大违法记录？/ 193
133. 询问和质疑有何区别？/ 194
134. 超过质疑期的质疑函怎么处理？/ 195
135. 利害关系人对质疑处理结果不服如何实施救济？/ 195
136. “项目管理成员”具体指哪些人员，主要负责什么工作，是否有

判断标准？/ 196
137. 财政部门是否可以直接对违法行为作出处罚？/ 196
138. 如何追究皮包公司的恶劣行为？/ 197
139. 政府采购邀请招标项目可以不抽取供应商吗？/ 198
140. 单位负责人为同一人或者存在直接控股、管理关系的两家供应商参与同一政府采购活动是否合规？/ 199

二、机电产品国际招标 / 199

141. 《机电产品国际招标投标实施办法（试行）》（商务部令 2014 年第 1 号）的附件 1“机电产品范围”是否等同于依法必须进行招标的机电产品范围？/ 199
142. 国际承包工程需要在国外进行机电产品国际招标时，是否适用《机电产品国际招标投标实施办法（试行）》（商务部令 2014 年第 1 号）？/ 200
143. 机电产品国际采购不招标的金额标准如何界定？/ 201
144. 某投标人提交的开标一览表出现两个选择性报价，是否可以继续参加开标？/ 201
145. 计算进口关税时是否考虑供货范围的偏离？/ 202
146. 同一制造商有两家代理商同时投一个标，投标人数量该如何判定？/ 203
147. 投标报价有附加条件如何处理？/ 203
148. 招标人在签订合同时核减招标文件以外的内容是正确的做法吗？/ 204
149. 未参加联合体投标的子公司能否参与合同履行？/ 205
150. 退休后的评标专家如何界定是否“来自同一法人单位”？/ 205

151. 投标人没有在招标网注册，是否可以中标？/ 206
152. 招标人是否可以直接取消中标资格？/ 207
153. 机电产品国际招标项目，如果招标人设置最高投标限价，是否应当按照不同的报价方式分别设置不同的最高投标限价？/ 208
154. 能否对进口产品报价价格术语做强制性要求？/ 209
155. 机电产品国际招标项目中，招标人可否把“中标合同适用中国法律”设置为“*”号条款？/ 210
156. 能否在市场调研阶段签署保密协议？/ 210
157. 领购招标文件的潜在投标人不足 3 个能否重新招标并修改技术参数？/ 211
158. 机电产品国际招标投标人少于 3 家可否开标？/ 211
159. 机电产品国际招标项目综合评价法的分项评分如何设置？/ 212
160. 机电产品国际招标项目投标文件目录页没有小签，是否应否决其投标？/ 213
161. 机电产品国际招标项目的评标报告与评标情况的报告有何区别和联系？/ 213
162. 投标人报保税区产品应如何进行价格评估？/ 214
163. A 公司是项目的设计单位，B 公司是 A 公司的母公司，B 公司能参加后续设备国际招标项目投标吗？/ 215
164. 怎样理解制造商与品牌的区分？/ 215
165. 机电产品国际招标项目的潜在投标人应当何时在招标网上完成注册登记？/ 216
166. 使用综合评价法的机电产品国际招标项目评分标准如何设置？/ 217
167. 在综合评价法中，对于价格部分，国家是否有明确评审

要求？/ 218

168. 企业法定代表人授权非本公司员工代理投标有效吗？/ 219

169. 机电产品国际招标项目如果在开标前未能抽取到足够数量的评标专家该如何处理？/ 219

170. 请问国际机电产品开标的汇率应采用开标前的最新实时汇率还是当天平均汇率？/ 220

171. 机电产品国际招标项目投标人数量如何认定？/ 220

172. 评标结果公示后，招标人是否可以撤销公示并重新组织招标？/ 221

173. 需要核准招标方案的项目，招标人自行改变采购方式有何风险？/ 222

174. 应该如何理解“择优”原则？/ 223

175. 投标人在开标现场没有提交授权委托书，投标是否有效？/ 224

176. 招标失败后直接转谈判方式是否合规？/ 224

三、企业采购 / 226

177. 大宗物资招标是否可以采用入围招标？/ 226

178. 施工总承包企业购买工程设备是否必须招标？/ 226

179. 非强制招标项目是否可以要求投标人具有特定地区的业绩？/ 227

180. 招标人不调整最高投标限价有哪些风险？/ 227

181. 中标合同可以由第三人签订吗？/ 228

182. 非政府采购的工程货物招标如需采购进口仪器，是否需要采用国际招标？/ 229

183. 是否可以以低于中标价的价款签订合同？/ 230

184. 企业集中采购中集中开展资格预审应如何操作？/ 230

185. 央企二级单位生产经营性物资采购和经营性咨询服务类项目是否必须招标？/ 231
186. 国有企业可以直接从下属单位采购原材料吗？/ 232
187. 国内设备招标开标现场出现撤标应如何处理？/ 232
188. 混合所有制企业招标，其股东能否参与投标？/ 233
189. 如何约束国企非招标采购方式下供应商的恶意串通行为？/ 234

服　务　篇

1. 《政府采购法》所指的本国服务是否与提供服务企业的所有制形式无关？/ 237
2. 政府购买物业安保服务、热线电话接听服务是否属于政府购买服务范围？/ 237
3. 政府采购限额标准以下且集中采购目录以外的是否属于政府采购？/ 237
4. 公益一类事业单位是否可以购买服务？/ 238
5. 科研院所采购服务类项目是否可以采用竞争性磋商方式？/ 238
6. 政府采购环卫服务外包项目，如中标人自行生产相应货物，适用哪项法律？/ 239
7. 政府采购对中小企业的扶持政策包含服务和工程吗？/ 240
8. 事业单位自筹资金的项目采购公告应当在哪个媒体发布？/ 240
9. 政府采购服务类项目价格分值占比能否超过30%？/ 241
10. 赔偿限额和免赔额的评审需参照投标报价评审的要求吗？/ 241
11. 询价采购是否可以采用综合评分法？/ 242
12. 只有两家单位递交首次响应文件，竞争性磋商采购是否

可以继续？/ 243
13. 采用竞争性磋商方式采购时符合要求的供应商只有两家是否可以继续采购？/ 243
14. 代理机构不退还投标保证金怎么办？/ 244
15. 中标后可以就合同内容进行谈判吗？/ 244
16. 签订中标合同时，是否可以修改付款条件？/ 245
17. 政府购买服务合同能否一年一签？预算如何计算？/ 246
18. 事先无法确定服务时间、数量等内容的采购项目如何操作？/ 247
19. 全过程咨询是否属于依法必须招标的项目？/ 247
20. 国有企业服务外包机构应该如何选择？/ 248
21. 同类项目拆分为两个项目招标属于化整为零规避招标吗？/ 248
22. PPP 项目属于企业投资项目还是政府投资项目？/ 249
23. PPP 项目招标应具备哪些前提条件？/ 250
24. PPP 项目资格预审公告是否要注明采购方式？/ 250
25. PPP 项目招标资格条件可否设置类似项目业绩要求？/ 251
26. PPP 项目采取随机抽取方式确定谈判顺序合法吗？/ 252
27. PPP 社会资本方的招标文件中是否可以要求企业注册资本、资产总额等财务指标？/ 253
28. PPP 项目资格预审结果需要公示吗？/ 254
29. PPP 项目社会资本方的采购人可以不是实施机构吗？/ 254
30. “两标并一标”的 PPP 项目中，施工合同的发包人是谁？/ 255
31. 垃圾、污水类 PPP 项目中政府按“保底供应量”“保底水量”支付最低付费，是否属于政府方“承诺保底收益”？/ 255
32. PPP 项目是否必须要求履约担保？/ 256
33. PPP 项目公司能否以划拨方式取得土地使用权？/ 257

34. PPP 项目申请到的政府预算内投资补助能否充当政府方出资？/ 258
35. 政府不参股就不算 PPP 项目吗？/ 258
36. PPP 项目实施机构和政府方出资人代表必须是同一主体吗？/ 259
37. 新建 PPP 项目建设投资是否必须以审计结果为确认依据？/ 260
38. PPP 项目的竣工验收应该由谁组织？实施机构是否必须参加？/ 261
39. 计算建设期利息的“建设期”和 PPP 项目合作期中包含的“建设期”是一致的吗？/ 262
40. 项目公司的注册资本是否必须与项目资本金数额相等？/ 262
41. “立项”批准文件是指建议书批复，还是可行性研究报告的批复？/ 263
42. 总投资收益率和投资内部收益率，哪个指标更能反映社会资本方的合理回报要求？/ 264
43. PPP 项目含多个子项目，立项时可以按子项目分别立项吗？/ 265
44. PPP 项目可行性研究报告总投资中可以包含“征地拆迁安置补偿费”吗？/ 265
45. 本级政府所属的其他国有企业是否可以作为社会资本方参与 PPP 项目？/ 266

工 程 篇

一、招标投标

1. 如何判断货物是否为与工程建设有关的货物？

问题：某国企单位有一个预算300多万元的橱柜衣柜采购需要招标吗？怎样判断货物是工程不可分割的一部分、实现工程基本功能的材料设备？

答案：橱柜衣柜不属于与工程建设有关的货物，因此不属于依法必须招标范围，不需要通过招标采购。

根据《中华人民共和国招标投标法》（以下简称《招标投标法》）的相关规定，与工程建设有关的货物达到依法必须招标规模标准的，必须进行招标。《中华人民共和国招标投标法实施条例》（以下简称《招标投标法实施条例》）第二条第二款进而对“与工程建设有关的货物”进行了细化规定：“……与工程建设有关的货物，是指构成工程不可分割的组成部分，且为实现工程基本功能所必需的设备、材料等……”

因此，判定“与工程建设有关的货物”需要同时具备两个要件：一是与工程不可分割，二是为实现工程基本功能所必需。橱柜衣柜并非与工程不可分割，也不是为实现工程基本功能所必需，所以不属于与工程建设有关的货物。

鉴于实践中对“不可分割”和“基本功能”等抽象概念难以判断，为便于实务操作，也可以从设计、施工上进行判断，即需要与工程同步整体设计施工的材料设备属于与工程建设有关的货物；可以与工程分别设计、施工或者不需要设计、施工的材料设备不属于与工程建设有关的货物。

2. 国有施工单位自建工程项目是否可以依法豁免招标?

问题:某公司是国有施工单位,现公司有一个自有工程,根据《招标投标法实施条例》规定可以自行建设不招标,但工程中涉及的主要材料(如水泥、砂石、钢材等)达到招标规模是否需要招标?

答案:不属于必须招标的工程项目,其项目范围内的采购不受具体规模标准的限制,均可以不进行招标。

《招标投标法实施条例》第九条第一款规定:"除招标投标法第六十六条规定的可以不进行招标的特殊情况外,有下列情形之一的,可以不进行招标:……(二)采购人依法能够自行建设、生产或者提供……"因此,如果采购人依法具备相关资质和能力,其自建工程项目可以依法豁免招标。此外,如果项目不属于必须招标的工程项目,则项目所有采购内容都可以不进行招标,项目涉及的主要材料的合同估算价即使达到《必须招标的工程项目规定》(国家发展改革委令第 16 号)规定的必须招标的规模标准,也不必进行招标。

3. 前期咨询采购是否属于强制招标范畴?

问题:工程建设项目的前期咨询采购,比如项目建议书、工程可行性研究报告、环评报告的编制等是否属于依法必须进行招标的项目?

答案:《招标投标法》第三条规定:"在中华人民共和国境内进行下列工程建设项目包括项目的勘察、设计、施工、监理以及与工程建设有关的重要设备、材料等的采购,必须进行招标……"《招标投标法实施条例》第二条规定："招标投标法第三条所称工程建设项目，是指工程以及与工程建设有关的货物、服务。""所称与工程建设有关的服务，是指为完成工程所需的勘察、设计、监理等服务。"

结合《招标投标法》及其实施条例和《必须招标的工程项目规定》（国家发展改革委令第16号）的相关规定，目前只有勘察、设计、监理等三项与工程建设有关的服务被相关法律纳入强制招标范畴。相关法律并未列举与工程建设有关的其他服务，如工程项目评估、项目管理、工程造价、招标代理等其他服务，暂未被《招标投标法》纳入强制招标范畴。

4. 国企办公楼装修工程是否必须招标?

问题：某家隶属于省国资委的国有企业，现有部分办公室要装修，总预算大约在100万元，由于企业经营需要，该部分办公室自装修至投入使用的时间很紧。请问是否可以不招标，直接委托一家具有相应资质的施工企业承接?

答案：本项目属于使用国有企业单位资金投资的工程项目。

《必须招标的工程项目规定》（国家发展改革委令第16号）第二条规定，使用国有企业事业单位资金，且该资金占控股或者主导地位的项目，属于依法必须进行招标的项目。《必须招标的工程项目规定》第五条同时规定，依法必须进行招标的项目，施工单项合同估算价在400万元人民币以上的，必须招标。

结合《必须招标的工程项目规定》第二条和第五条的相关规定，本项目未达到必须招标的规模标准，可以依法不进行招标。该公司可依据企业内部管理规定，采用直接委托或其他竞争方式确定施工企业。

5. 非政府投资的小区居民楼燃气管道施工项目可以不招标吗?

问题:某家具有国资背景的代建单位承揽了一个小区居民楼燃气管道项目的项目管理工作。该项目建设资金源于小区内的全部居民,不属于国有资金。请问该施工项目是否属于依法必须进行招标的项目?可以邀请招标吗?

答案:《招标投标法》及其配套法律规范在划定依法必须进行招标项目的范围时,分别从项目性质、项目资金来源两个维度界定。

结合《招标投标法》第三条、《必须招标的工程项目规定》(国家发展改革委令第16号)和《必须招标的基础设施和公用事业项目范围规定》(发改法规〔2018〕843号)等相关规定,非政府投资的居民小区燃气管道工程,不属于依法必须进行招标的项目。该类项目是否采用招标方式,是采用公开招标还是邀请招标,采购人享有自主决策权。

6. 政府投资项目实施单位具有相应资质, 是否可以不招标?

问题:某供排水有限公司,企业性质是国有企业,具有市政公用工程施工总承包三级资质。最近,当地县政府指定该公司作为项目业主,实施一项城乡供水管网工程,该项目总投资为1 800万元。对照《建筑业企业资质标准》中的相关规定,该公司可以承接此项目。请问,该项目是否可以不通过招标方式,由该供排水公司自行施工?

答案:该项目应当依法公开招标。

《招标投标法实施条例》第九条规定:"除招标投标法第六十六条规定的可以不进行招标的特殊情况外,有下列情形之一的,可以不进行招标:……

（二）采购人依法能够自行建设、生产或者提供……”该条款中所称的采购人，应该是指自行投资建设、生产的单位，而不是受他人委托、使用他人资金的“代甲方”行为。

从表面上看，这个项目似乎适用于该条款的规定。但该公司在本项目中的角色，属于代政府行为，即受政府方的委托组织项目实施的实施单位，而不是真正意义上的自行投资建设、生产的采购人，该项目真正的采购人是当地政府。因此，本项目应当依法进行公开招标。

此外，还可以引入反证法进行推导：如果该情形下的工程项目可以不招标，那政府方就可以通过“直接指定某某施工单位作为项目业主”的方式，使得所有的政府投资项目都可以不用招标了，那《招标投标法》中关于依法必须招标的工程建设项目的规定就形同虚设了，这显然是不符合立法本意的。

基于上述考虑，该项目应当公开招标。

7. 政府投资项目零星工程是否可以不招标？

问题：某政府投资项目总投资约为10.37亿元。主体工程已经通过公开招标的方式确定了施工单位。现在这个项目还有一些零星工程不在上述施工合同内，零星工程的总金额小于400万元。请问像这样的零星工程，还需要招标吗？

答案：该零星工程是否需要招标，应视其是否属于可以与原主体工程合并招标的项目而定。

《必须招标的工程项目规定》（国家发展改革委令第16号）第五条第一款规定：“本规定第二条至第四条规定范围内的项目，其勘察、设计、施工、监理以及与工程建设有关的重要设备、材料等的采购达到下列标准之一的，必须招标：（一）施工单项合同估算价在 400 万元人民币以上……”该法条第二款同时规定：“同一项目中可以合并进行的勘察、设计、施工、监理以及与工程建设有关的重要设备、材料等的采购，合同估算价合计达到前款规定标准的，必须招标。”

依据上述规定，就本项目而言，关键在于该零星工程是否属于可以合并在主体工程一并招标的项目。如果该零星工程不属于可以与原主体工程合并招标的项目，且未达到必须招标的限额标准，可以不进行招标；如果该零星工程属于可以合并招标的项目，由于零星工程和主体工程合并以后已经远远超过招标限额标准，则该零星工程也应当依法进行招标；否则，则涉嫌以化整为零方式规避招标。

8. 国企技改项目初步设计是否必须招标？

问题：某国有企业技改项目，其初步设计费用在 100 万元以下。请问是否必须通过招标方式选择设计单位？可以邀请某设计单位直接进行谈判吗？

答案：本项目工程设计的合同估算价未达到《必须招标的工程项目规定》（国家发展改革委令第 16 号）规定的相应规模标准，不属于依法必须招标的项目。建设单位确定设计单位时，是直接委托还是采用其他非招标采购方式，可依据其所在企业内控管理制度的相关规定执行。

9. 合并采购后达到必须招标的限额标准是否需要招标？

问题：某政府采购工程项目其中装饰装修部分造价估算为 250 万元，建筑智能化部分造价预算为 280 万元。拟合并采购，允许供应商组成联合体。合并采购以后，超过了必须招标的限额。请问合并后可以不公开招标吗？

如果必须公开招标，评标办法可以采用以投标报价的平均值作为基准价的综合评估法吗？

答案：第一个问题，合并后应当公开招标。

《必须招标的工程项目规定》（国家发展改革委令第 16 号）第五条规定："同一项目中可以合并进行的勘察、设计、施工、监理以及与工程建设有关的重要设备、材料等的采购，合同估算价合计达到前款规定标准的，必须招标。"本例合并采购后，已经超过《必须招标的工程项目规定》规定的 400 万元限额标准，属于依法必须招标的项目。由于本项目属于使用财政性资金的工程项目，依法应当公开招标。

第二个问题，可以采用综合评估法。

《中华人民共和国政府采购法》（以下简称《政府采购法》）第四条规定："政府采购工程进行招标投标的，适用招标投标法。"依据《招标投标法》体系的相关规定，评标办法分为经评审的最低投标价法和综合评估法。《招标投标法》体系未强制要求综合评估法中的价格分必须以最低价为基准价。因此，招标人可采用平均价为基准价，也可采用最低价为基准价，具体视项目特点而定。

10. 《必须招标的工程项目规定》（国家发展改革委令第 16 号） 第五条中的"达到下列标准之一"该如何理解？

问题：《必须招标的工程项目规定》（国家发展改革委令第 16 号）第五条规定："本规定第二条至第四条规定范围内的项目，其勘察、设计、施工、监理以及与工程建设有关的重要设备、材料等的采购达到下列标准之一的，必须招标：（一）施工单项合同估算价在 400 万元人民币以上；（二）重要设备、材料等货物的采购，单项合同估算价在 200 万元人民币以上；（三）勘察、设计、监理等服务的采购，单项合同估算价在 100 万元人民币以上……”这里的“达到下列标准之一”该怎么理解？是不是只要满足其中一项条件就应招标，其他条件即便不满足也应招标？

例如有一个工程项目，施工单项合同估算是 500 万元，勘察设计单项合同估算不足 100 万元。本项目施工超过必须招标的限额标准，那么，是不是勘察设计即使没有达到必须招标的限额标准也应招标呢？

答案：勘察设计没有达到依法必须招标的限额标准，可以不招标。

结合本法条的上下文，《必须招标的工程项目规定》（国家发展改革委令第 16 号）第五条中所称的“达到下列标准之一”，是指勘察、设计、施工、监理以及与工程建设有关的重要设备、材料等，各分项内容的估算金额达到其对应的必须招标的限额标准以后才需招标；而不是指上述各分项内容中，只要有一项达到必须招标的限额，所有内容就都必须招标。例如，某工程项目施工单项合同估算为 500 万元，该项目设计费估算约为 20 万元，则该项目施工必须招标，设计则可以不招标。

11. 依法必须招标的项目是否应当进入公共资源交易平台？

问题：某民营企业投资建设了一个工程项目，该项目属于《必须招标的工程项目规定》（国家发展改革委令第 16 号）规定的依法必须招标的项目。请问可以在企业内部组织招标活动，不进入当地公共资源交易平台招标吗？

答案：不可以。

《公共资源交易平台管理暂行办法》（国家发展改革委等 14 部门令第 39 号）第八条规定：“依法必须招标的工程建设项目招标投标、国有土地使用权和矿业权出让、国有产权交易、政府采购等应当纳入公共资源交易平台。”

依据《公共资源交易平台管理暂行办法》的相关规定，问题中所指的项目属于必须进场交易项目，应当依法进入当地公共资源交易平台开展招标活动。

12. 国企投资的工程项目是否属于进场交易项目？

问题：某国有企业拟投资新建一个工业项目。请问该项目是否属于依法必须进行招标的项目？该项目的勘察、设计、施工和监理，是否应当进入当地公共资源交易平台进行招标？

答案：《必须招标的工程项目规定》（国家发展改革委令第16号）第二条规定："全部或者部分使用国有资金投资或者国家融资的项目包括：（一）使用预算资金200万元人民币以上，并且该资金占投资额10％以上的项目；（二）使用国有企业事业单位资金，并且该资金占控股或者主导地位的项目。"该类项目如达到《必须招标的工程项目规定》第五条规定的规模标准，必须采用招标方式选择承包单位。

《公共资源交易平台管理暂行办法》（国家发展改革委等14部门令第39号）第八条规定："依法必须招标的工程建设项目招标投标、国有土地使用权和矿业权出让、国有产权交易、政府采购等应当纳入公共资源交易平台。"依据该规定，该项目的勘察、设计、施工和监理，如达到依法必须进行招标项目的规模标准，应当进入当地公共资源交易平台进行交易。

13. 所有施工项目均须履行概算审批手续以后才可以招标吗？

问题：某工程施工项目系村集体使用自筹资金投资建设的项目，在进场交易时遇到了问题。交易中心说应当履行概算审批手续后才可以招标。

请问村集体自筹资金建设项目，概算应该报哪个部门审批？如果没有经过概算审批，这个项目就不得进入招标程序吗？

答案：《工程建设项目施工招标投标办法》（国家发展改革委等七部门令第30号）第八条规定："依法必须招标的工程建设项目，应当具备下列条件才能进行施工招标：……（二）初步设计及概算应当履行审批手续的，已经批准……"请注意：该法条使用的表述是"应当履行审批手续的，已经批准"。也就是说，依法必须进行招标的工程建设项目，只有按照国家有关规定需要履行项目审批手续的，其初步设计及概算才需向本级政府投资管理部门（或行政监督部门）报批。

对于未纳入依法必须招标范围的项目，相关法律未要求该类项目必须履行项目审批手续，相关经办人员要求该类项目须履行概算审批手续才可招标的做法是不正确的。

14. 非依法必须招标的政府采购工程项目是否需要编制政府采购实施计划？

问题：投资主管部门已经按照《政府投资条例》对工程项目进行审批，但这个工程项目不属于依法必须进行招标的项目，项目业主按照《中华人民共和国政府采购法实施条例》（以下简称《政府采购法实施条例》）第二十五条规定，准备通过竞争性谈判或者单一来源采购方式采购。此时业主是否还需要根据《政府采购法实施条例》第二十九条规定编制政府采购实施计划，报本级财政部门审核备案？

答案：该项目尽管不属于依法必须进行招标的项目，但是属于政府采购工程项目，采购人应按照政府采购有关规定编制采购计划。

15. 政府采购工程项目投资金额未达到公开招标的数额标准，可以选择采用公开招标方式吗？

问题：某乡镇公路是政府采购工程项目，但是投资金额未达到公开招标的数额标准，请问该项目可以选择采用公开招标方式吗？

答案：未达到公开招标数额的政府采购工程项目，应按照《政府采购法》有关规定采用竞争性谈判或竞争性磋商方式采购。如果符合单一来源采购的条件，可以选择单一来源采购方式。

16. 招标启动前，建设单位可以与施工单位签署项目合作备忘录吗？

问题：某政府投融资平台公司有一个项目，总投资达 1.76 亿元，用于当地一个重要庆典活动。该项目立项较晚，工期要求特别紧，如果按正常的招标投标流程，很难保证如期交付使用。

请问可否这样操作：在招标启动之前，先和某家施工单位签订项目合作备忘录，让该施工单位先进场施工。合作备忘录中明确，后期项目启动招标时，该施工单位应积极参与投标并争取中标。若该施工单位中标，政府投融资平台公司再和该施工单位签订正式施工合同；若该施工单位未中标，则必须离场交由中标单位负责施工，政府投融资平台公司支付该施工单位实际已经发生的工程价款。请问这种方式是否合法，还是要本级政府直接与施工单位签订项目合作备忘录才符合规定？

答案：不可以。

从介绍的项目背景情况来看，这是一个政府投资项目，且达到了依法必须招标的规模标准。该类项目须依法通过招标方式选定施工单位以后方可进场施工，否则属于未招先建，相关人员应承担相应的法律责任。

17. 招标方式可以用于出售标的吗?

问题：某国有资产管理公司，有部分临街店面需采用竞争方式公开选择承租人。请问可以采用公开招标方式吗？如采用公开招标方式，是否可以设置保留价（即最低投标限价）？设置保留价会不会违法？

答案：可以采用公开招标。

招标是一种以竞争方式确定合同签约对象的交易方式，既可以用于购买标的，也可以用于出售标的。临街店面招租项目，可以采用公开招标方式选择承租人。

《招标投标法实施条例》第二十七条规定："……招标人不得规定最低投标限价。"该禁止性规定系针对购买标的的招标项目而言。对于出售标的类招标项目，设置最低投标限价有利于保护招标人的合法权益，不违法。

18. 国有和民营资本联合投资项目可以直接选定施工企业吗?

问题：某省住建厅按照住房和城乡建设部招投标改革有关文件精神发文规定："非国有资金投资项目的招标人可以自主选择招标方式，可以自主决定是否进场交易。"依据这一规定，非国有资金投资项目可以直接发包，也可以采用招标方式选择承包人。

现有一个工程建设项目，国有资金占股为40%，民营资本占股为60%，是否可以不经招标而直接发包？

答案：从所述来看，该项目涉及国有投资，不属于所在省份住建厅规定的非国有投资项目的范畴。因此，该项目不适用上述招投标改革试点文件的规定。《必须招标的工程项目规定》（国家发展改革委令第16号）第二条规定，使用国有企业事业单位资金，并且该资金占控股或者主导地位的项目，属于依法必招的工程项目。本项目国有资金占比为40%，应当不属于国有资金占控股或者主导地位的项目，因此从资金来源来看不属于依法必须进行招标的范围，但是还要结合《必须招标的基础设施和公用事业项目范围规定》（发改法规规〔2018〕843号）判断该项目性质是否属于《必须招标的基础设施和公用事业项目范围规定》第二条所列项目，如果也不属于该条所列项目，则该项目不属于依法必须进行招标的项目。

19. 应急工程是否可以执行简易招标程序?

问题：某防洪工程急需尽快开工建设，如果采用常规的招标方式，按正常流程执行需要1个月左右。请问：对于这类应急工程项目，有没有相关法律规定可以执行简易招标程序？如果有，该怎样执行简易程序？

答案：《招标投标法》没有设置简易招标程序。

但是，现行《招标投标法》体系根据差别化管理原则，对于国有资金占控股或主导地位的依法必须招标项目和自愿招标项目，在招标程序设置方面有着不同的要求。项目业主可根据不同项目属性适用相关法条。

此外，《招标投标法》第六十六条规定："涉及国家安全、国家秘密、抢险救灾或者属于利用扶贫资金实行以工代赈、需要使用农民工等特殊情况，不适宜进行招标的项目，按照国家有关规定可以不进行招标。"若该项目符合该法条的规定，可以不进行招标。

20. 施工总承包单位是否必须通过招标方式选择分包商?

问题: 某国有施工总承包单位中标了一个施工总承包项目。该项目包含一个专业工程，投资额达 3 800 多万元，但不属于总承包项目中的主体工程和关键内容。该专业工程已经在总承包合同中约定可以分包，且分包活动已征得建设单位同意。

请问：作为施工总承包方，该分包项目是否要按照《必须招标的工程项目规定》（国家发展改革委令第 16 号）的规定实行公开招标？能不能直接进行分包而不再履行招投标程序？

答案:《招标投标法实施条例》第二十九条规定，依法必须进行招标的工程建设项目中的暂估价专业工程，合同估算价如达到国家规定规模标准的，应当依法通过招标方式确定承包单位。

《房屋建筑和市政基础设施项目工程总承包管理办法》（建市规〔2019〕12 号）第二十一条规定，工程总承包单位可以采用直接发包的方式进行分包。但以暂估价形式包括在总承包范围内的工程、货物、服务分包时，属于依法必须进行招标的项目范围且达到国家规定规模标准的，应当依法招标。

本项目所述的专业工程不属于暂估价项目，说明该专业工程在施工总承包项目招标时，已经经过投标竞争。也就是说，该专业工程已经履行了招标流程。在这种情况下，施工总承包单位在实施分包时，无须再进行招标。施工总承包单位可在征得发包人同意的情况下，直接交由具有相应能力的施工单位承接本专业工程。

21. 施工总承包单位是联合体，分包项目该如何组织招标？

问题：某施工项目施工内容包含房建工程和市政工程。经过公开招标，该项目由甲施工企业和乙施工企业组成的联合体中标。现该项目中的暂估价工程需要招标，拟由总包单位组织招标，建设单位不参与暂估价项目的招标活动。

请问在这种情况下，需要由联合体牵头人组织招标，还是由联合体各方共同作为招标人？又或是其中任意一个成员单位都可以作为招标人？

答案：由于分包单位须对总包单位负责，而总包单位须就分包项目对发包人承担连带责任。建议先了解一下该暂估价项目隶属于总包中的房建类工程还是市政类工程。然后依据中标联合体协议中的工作分工，由承担相应工作的成员单位组织招标。

当然，该成员单位也可与联合体牵头人一并组织招标，或者与联合体中其他成员单位一并组织招标。

22. 依法必须招标的项目可以在企业供应商库中选择施工单位吗？

问题：某国企之前通过招标方式确定了 8 家施工企业作为施工项目入围单位。现在有一个工程项目，总投资为 830 万元，属于必须进入公共资源交易中心进场交易的依法招标施工项目。

请问该单位可以在招标公告中要求投标人必须是该单位供应商库中的施工单位吗？

答案：《招标投标法》第六条规定：“依法必须进行招标的项目，其招标投标活动不受地区或者部门的限制。任何单位和个人不得违法限制或者排斥本地区、本系统以外的法人或者其他组织参加投标，不得以任何方式非法干涉招标投标活动。”该法第十八条第二款同时规定：“招标人不得以不合理的条件限制或者排斥潜在投标人，不得对潜在投标人实行歧视待遇。”

对于依法必须进行招标的工程项目来说，招标人不得违法设置不合理条件限制、排斥投标人或潜在投标人。本项目属于依法必须招标的项目，招标人应当依法组织公开招标确定施工单位，不得从企业供应商库中选择。

23. 工期很紧的国企办公楼改造项目可以采用邀请招标吗？

问题：某国有企业的办公楼改造项目，改造面积大约1 000平方米，总投资约300万元，由于工期比较紧，可以采用邀请招标方式或者采用竞争性谈判方式吗？

答案：国有企业使用单位资金投资改建办公楼，属于《必须招标的工程项目规定》（国家发展改革委令第16号）第二条规定的依法必须招标的工程项目范畴。由于该项目没有达到《必须招标的工程项目规定》第五条规定的必须招标的规模标准，可以不进行招标。对于本项目而言，项目业主是否采用招标方式选择施工单位，依据企业内控制度的相关规定操作。

《招标投标法》第二十四规定：“招标人应当确定投标人编制投标文件所需要的合理时间；但是，依法必须进行招标的项目，自招标文件开始发出之日起至投标人提交投标文件截止之日止，最短不得少于二十日。”需要注意的是：从严格意义上看，采用邀请招标并不能缩短法定的招标时限。是否可以缩短等标期，取决于该项目是否属于依法必须招标的项目，而非取决于该项目采用公开招标还是邀请招标。

对于本项目而言，如果企业内控制度没有规定必须招标，可以采用非招标采购方式实施采购。采用非招标采购方式实施采购，同样可以达到公开透明、公平竞争、程序规范等方面的要求，且采购周期较短。

24. 单一工程建设项目的货物采购可否采用单价招标?

问题：本体大楼的建设未完工，但其采购的物品在无法确定最终量的前提下急需定价，这样的情况是否可以进行单个数量的物品定价采购？同时，告知各投标人本次物品采购的总采购量待定，总造价不超过百万元人民币，这样的招标项目可以正常开展吗？

答案：对于单一工程建设项目，货物招标采购不建议采用单价招标。

单一工程建设项目货物采购不同于经营性物资采购，招标一般采用总价合同，即应当确定招标标的数量以及技术规格后再启动招标程序，中标合同通常为固定总价合同。此外，投标单价与招标标的数量相关，一般规律是数量大则单价低，投标人在不确定数量的情况下难以报出合理单价。因此，单纯采用单价招标对投标人有失公平，既不科学，也不合理。

25. 办理建设手续时被告知没有进行招投标，但已进行政府采购，该如何处理?

问题：使用省财政资金在某市建设一个工程项目，到项目所在地住建局办理建设手续时被告知没有进行招投标。该项目已在省政府采购网发布了公告，已经履行了政府采购程序，但是在住建局办理手续时未被认可，认为应该属地管理，需在项目所在地进行招投标，之前的政府采购程序是无效的，请问这种情况怎么办？

答案：政府采购工程进行招标投标的，适用《招标投标法》。

首先，应该判断该项目是否属于政府采购项目。如果采购人是政府机关或事业单位，则属于政府采购；如果采购人是企业，即使资金来源为财政资金，也不属于政府采购。

其次，《政府采购法》第四条规定："政府采购工程进行招标投标的，适用招标投标法。"因此，无论该工程项目是否为政府采购项目，都应当适用《招标投标法》，而不适用《政府采购法》。根据《招标投标法实施条例》第四条"国务院发展改革部门指导和协调全国招标投标工作，对国家重大建设项目的工程招标投标活动实施监督检查。国务院工业和信息化、住房城乡建设、交通运输、铁道、水利、商务等部门，按照规定的职责分工对有关招标投标活动实施监督"之规定，属于住建部门监管的项目，应当按照属地住建部门的监管程序进行招标投标活动。所以，如果该工程项目达到公开招标的规模标准，但仅按照政府采购程序操作，未依法进行招标，应当及时进行纠正，依据《招标投标法》的规定以及属地住建局的监管程序进行公开招标。

26. 同时立项的工程是否可以分别招标？

问题：某政府投资项目，是同一个规划许可证、同时立项的工程项目，其中有部分单项工程已具备施工招标的条件，另外一些单项工程由于设计等原因，还不具备施工招标条件。请问这种情况可以分开招标吗？

答案：可以。

依据《招标投标法》的相关规定，招标人可以根据项目的特点和需要编制招标文件。本项目部分单项工程已具备施工招标条件，招标人可根据项目的实施进程，将整体项目划分成多个标段分别实施招标。

需要注意的是，《招标投标法实施条例》第二十四条规定："招标人对招标项目划分标段的，应当遵守招标投标法的有关规定，不得利用划分标段限制或者排斥潜在投标人。依法必须进行招标的项目的招标人不得利用划分标段规避招标。”因此，作为本项目的招标人，应当在划分标段的时候，遵守法律方面的禁止性规定，避免发生肢解项目规避招标、限制或排斥潜在投标人等违法现象的发生。

27. 招标人是否有权自主选用资格审查方式?

问题：某民营企业在某地投资建设了一个新能源基础设施项目，合同估算价为 1 830 万元。当地有关管理规定：依法必须进行招标的施工项目，合同估算价 2 000 万元以上的才能采取资格预审，其余项目必须采用资格后审方式进行招标。请问，非政府投资项目业主有权采用资格预审方式进行招标吗?

答案：采用资格预审还是资格后审，与资金性质无关，也与项目大小没有必然关系，而只与项目本身的特点有关。就本项目而言，业主依法享有选择合适的资格审查方式的权利，但应当依据项目特征和需求特点选择合适的资格审查办法。

一般认为：资格预审比较适合于技术难度较大或投标文件编制费用较高，或潜在投标人数量较多的招标项目；而资格后审比较适合于潜在投标人数量不多，具有通用性、标准化的招标项目。以合同估算价大小来判断是否选用资格预审的合理性值得质疑。

28. 最高投标限价可以按不含税价设置吗?

问题：各投标人的增值税税率不同，最终可能导致招标人实际支出的合同价款并不一致。请问关于最高投标限价的设置，可以按照不含税价格来设置吗？这样设置，评标时对各家投标人将更加公平。

答案：项目结算时，一般是以含税价进行结算的。最高投标限价本质上也是在控制项目合同履约后的结算价格。问题反映的情况确实普遍存在，常用的解决办法是在招标文件中规定：评标时，把各投标单位的报价扣除税率后的不含税价作为评标价。这样，大家都在同一起跑线上评审，不会造成不公平现象。

29. 加分项是否会存在排斥潜在投标人的嫌疑？

问题：加分项是否会存在排斥潜在投标人的嫌疑？

答案：加分项一般不会排斥潜在投标人。加分项是对满足招标文件要求的投标人按照一定的规则予以加分。如果加分项设置不合理，会出现对特定投标人的倾向性加分，这是《招标投标法》所禁止的。

30. “兼投不中”是否构成以不合理条件排斥潜在投标人？

问题：某项目划分为 10 个标段招标，招标文件中规定每个投标人只能投 3 个标，最多只能中一个标段。请问这是否构成招标人以不合理条件排斥潜在投标人？

答案：这种行为不构成招标人以不合理条件排斥潜在投标人。

招标人为了避免多个标段由同一个投标人中标，在招标文件中规定投标人可以参加多个标段投标，但不能在多个标段中标，即“兼投不兼中”，这种做法不违反《招标投标法》规定，不会排斥任何投标人，对投标人是公平的。这种做法在同类项目划分标段的招标情况下是很常见的，但是招标人必须在招标文件中规定清楚同一个投标人投不同标段时被推荐为第一中标候选人时如何处理的原则。

31. 招标人要求招标项目施工企业与项目材料生产商联合投标是否可行?

问题：某项目的幕墙施工招标，招标人要求施工单位与幕墙玻璃生产商作为联合体进行投标。但施工单位多，合适的幕墙玻璃生产商少，请问招标人的做法是否构成以不合理条件排斥潜在投标人?

答案：《招标投标法实施条例》第三十七条规定，招标人应当在资格预审公告、招标公告或者投标邀请书中载明是否接受联合体投标。《招标投标法》第三十一条规定，招标人不得强制投标人组成联合体共同投标，不得限制投标人之间的竞争。按照上述规定，是否允许联合体投标由招标人根据招标项目的实际情况和潜在投标人的数量自主决定，本项目招标人有权接受联合体投标，但招标人除了接受联合体投标外，还应接受独立投标，否则构成以不合理条件排斥具有幕墙施工资质的幕墙玻璃生产商进行独立投标。

32. 母子公司业绩可否混用?

问题：招标文件中对投标人资格条件含有业绩要求，投标人是母公司的，是否可以使用其子公司的业绩?投标人是子公司的，是否可以使用其母公司的业绩?

答案：母子公司的业绩不能混用。

《中华人民共和国公司法》(以下简称《公司法》)规定公司可以设立子公司，子公司具有法人资格，依法独立承担民事责任。

33. 招标人是否可以要求投标人必须具备高于项目需求的资质条件?

问题: 某工程造价为400万元的通信信息网络工程的施工,按照《施工总承包企业资质等级标准》的规定,由通信工程施工总承包三级企业承担即可。招标人是否可以要求投标人必须是通信工程施工总承包二级及以上企业?

答案: 根据《招标投标法》第十八条规定,招标人可以根据招标项目本身的要求,在招标公告或者投标邀请书中,要求潜在投标人提供有关资质证明文件和业绩情况,并对潜在投标人进行资格审查;招标人不得以不合理的条件限制或者排斥潜在投标人,不得对潜在投标人实行歧视待遇。

按照《招标投标法实施条例》第三十二条第二款的规定,招标人有下列行为之一的,属于以不合理条件限制、排斥潜在投标人或者投标人:设定的资格、技术、商务条件与招标项目的具体特点和实际需要不相适应或者与合同履行无关。

因此招标人在招标时要求投标人的资质如果明显高于所承担工程应当具备的资质,属于对投标人的限制和排斥。

34. 招标文件是否必须明确中标单位的数量?

问题: 某单位每年都有一批未达到限额标准的零星小型项目,想要招几家施工企业作为入围单位。由于每年零星小型项目数量不定,请问是否可以在招标文件中不规定入围单位的数量?

答案: 对于入围招标项目如何确定中标单位的问题,可以采用如下两种方式：一是合格制。在招标文件中只明确入围标准，不明确具体数量，投标单位只要符合招标文件规定的要求，即为中标单位。二是有限数量制。在招标文件中事先约定入围单位数量，评审时根据招标文件规定的标准和方法，选择综合排名靠前的相应数量的投标单位作为中标单位。

实践中，采用有限数量制居多。该单位可根据项目特点自行决定采用合格制方式确定入围单位，还是采用有限数量制方式确定入围单位。

35. 招标文件是否可以约定保证金不予退还的其他情形？

问题：《招标投标法实施条例》第三十五条和第七十四条规定了投标保证金不予退还的情形，但上述法定情形未包括投标人围标、串标等严重违法情形。请问是否可以在招标文件中将上述情形列入不予退还投标保证金的约定情形？

答案：可以。

招标投标作为一种特殊的合同缔结过程，投标保证金所担保的主要是合同缔结过程中招标人的风险。围标、串标等严重违法行为，也将对招标人的权利造成损害。从这个角度看，招标人可以在招标文件中，将围标串标、弄虚作假投标等违法情形列入不予退还投标保证金的约定情形中。

36. 公路工程投标保证金上限可以超过 80 万元吗？

问题：按照《工程建设项目施工招标投标办法》（国家发展改革委等七部门令第 30 号）的规定，投标保证金不得超过项目估算价的 2%，最高不超过 80 万元。新颁布的《公路工程建设项目招标投标管理办法》（交通运输部令 2015 年第 24 号）规定，投标保证金不得超过招标标段估算价的 2%。

请问公路施工工程的投标保证金可以设置在80万元以上吗?

答案: 可以。

《工程建设项目施工招标投标办法》颁布于2003年，于2013年修订，规制的是所有工程施工项目;《公路工程建设项目招标投标管理办法》颁布于2015年，规制公路工程勘察、设计、施工、监理等项目的招投标活动。

在关于投标保证金上限的设置规定中，上述两部规章的规定有不一致之处。依据“新法优于旧法”“特殊优于一般”的法律适用原则，公路工程建设项目应该以《公路工程建设项目招标投标管理办法》的规定为准。

37. 工程履约保证金和质量保证金是否可以同时预留?

问题: 某施工项目招标文件规定：中标人在合同签订前，须向招标人交纳10%的履约保证金；同时规定招标人在向中标人支付第一笔工程款时，扣除5%的质量保证金直至缺陷责任期满为止。请问工程履约保证金和质量保证金是否可以同时预留?

答案: 不可以。

根据《国务院办公厅关于清理规范工程建设领域保证金的通知》(国办发〔2016〕49号)规定，对建筑业企业在工程建设中需缴纳的保证金，除依法依规设立的投标保证金、履约保证金、工程质量保证金、农民工工资保证金外，其他保证金一律取消。该文件同时规定:“在工程项目竣工前，已经缴纳履约保证金的，建设单位不得同时预留工程质量保证金。”此外，《建设工程质量保证金管理办法》(建质〔2017〕138号)第六条也明文规定:“在工程项目竣工前，已经缴纳履约保证金的，发包人不得同时预留工程质量保证金。”

就本例而言，建设单位如需预留工程质量保证金，应在工程施工履约完毕退还履约保证金后，在支付最后一笔工程款时扣留相应比例的工程质量保证金。还需要注意的是：根据《建设工程质量保证金管理办法》规定，质量保证金总预留比例不得高于工程价款结算总额的3%。本例招标人设置了5%的质量保证金，违反了上述文件的相关规定。

38. 在招标文件中是否可以对投标单位提出业绩要求和人员资格要求?

问题：2019年8月，国家发展改革委等八部门联合印发了《工程项目招投标领域营商环境专项整治工作方案》（发改办法规〔2019〕862号）。该工作方案明确，不得在招标文件中“设定企业股东背景、年平均承接项目数量或者金额、从业人员、纳税额、营业场所面积等规模条件”。

请问招标文件中对投标单位提出业绩和人员资格要求，是否违背这一规定?

答案：《招标投标法》第十八条规定：“招标人可以根据招标项目本身的要求，在招标公告或者投标邀请书中，要求潜在投标人提供有关资质证明文件和业绩情况，并对潜在投标人进行资格审查；国家对投标人的资格条件有规定的，依照其规定。”

依据这一规定，招标人可以在招标文件中对潜在投标人提出业绩要求。需要注意的是：根据《招标投标法实施条例》第三十二条的规定，依法必须进行招标的项目，招标人不得以特定行政区域或者特定行业的业绩、奖项作为加分条件或者中标条件。

《工程项目招投标领域营商环境专项整治工作方案》（发改办法规〔2019〕862号）规定，招标人不得在招标文件中“设定企业股东背景、年平均承接项目数量或者金额、从业人员、纳税额、营业场所面积等规模条件”。该规定意在禁止招标人通过设置规模条件对潜在投标人实行差别或歧视待遇，而非禁止招标人对潜在投标人提出相应业绩要求。

此外，现行相关法律对一些特殊工作岗位的从业资格有明确规定，如工程施工管理人员、工程造价人员必须取得相应资格方可从业。因此，《工程项目招投标领域营商环境专项整治工作方案》中的“从业人员”应当理解为“从业人数”，即《工程项目招投标领域营商环境专项整治工作方案》并非是禁止对投标人从业人员的资格条件提出要求，而是禁止对从业人员的数量等涉及企业规模的条件提出要求。

39. 接受联合体投标的，应该要求联合体各方均具备特定的资质还是有一方具备即可？

问题：接受联合体投标的，应该要求联合体各方均具备特定的资质还是有一方具备即可？

答案：联合体资质如何要求，可由采购人根据项目的具体情况自行规定。但是根据不同资质单位组成联合体的一般做法，只需要求一方具有某个特定资质即可。

40. 自愿招标项目的招标公告也必须在指定媒介发布吗？

问题：某工程施工项目合同估算价为 350 万元，属国有资金投资项目，招标公告在当地公共资源交易网发布。招标结束后，有施工单位投诉招标人公告发布媒介不合法，要求重新招标。

请问低于依法必须招标限额标准的项目，招标公告也必须在指定媒介发布吗？

答案：非依法必须进行招标的项目，招标公告的发布范围可由招标人自行决定。

《招标投标法》第十六条规定："招标人采用公开招标方式的，应当发布招标公告。依法必须进行招标的项目的招标公告，应当通过国家指定的报刊、信息网络或者其他媒介发布。"《招标公告和公示信息发布管理办法》（国家发展改革委令第10号）第八条规定："依法必须招标项目的招标公告和公示信息应当在'中国招标投标公共服务平台'或者项目所在地省级电子招标投标公共服务平台（以下统一简称'发布媒介'）发布。"

依据相关法律规定，依法必须进行招标的项目，其招标公告须通过国家指定的发布媒介——中国招标投标公共服务平台或所在地省级电子招标投标公共服务平台发布。对于非依法必须进行招标的项目而言，招标公告是否通过国家指定媒介发布，由招标人自行决定。

因此，对于自愿招标项目而言，如招标人未在国家指定媒介发布招标公告，该行为亦不违法。

41. 招标公告可以主动推送给潜在投标人吗？

问题： 根据现有法律规定，依法必须招标项目的招标公告，应当在国家指定媒介发布。但是，在指定媒介上发布招标公告的项目很多，招标公告和公示信息滚动很快，让潜在投标人去关注招标信息有时候很困难。

请问招标人在指定媒介上发布招标公告的同时，可以把招标信息主动推送给潜在投标人吗？这样操作有没有涉嫌违规？

答案： 可以。

法律要求依法必须招标的项目，招标人应当在国家指定发布媒介发布招标公告，其主要目的就是为了便于潜在投标人搜寻、查找项目招标信息，以吸引更多的潜在投标人参与竞争，从而提高建设资金的使用效益。在国家指定媒介发布招标公告的同时，把招标信息主动推送给潜在投标人的做法，不违背《招标投标法》的立法精神和立法目的。

需要注意的是：招标人向潜在投标人主动推送的招标信息的内容，应当与在指定媒介公开发布的招标公告一致。否则，招标人涉嫌以不合理条件限制、排斥潜在投标人，违反《招标投标法实施条例》第三十二条的规定。

42. 依法必须招标工程项目的招标公告发布媒体可否只选择中国政府采购网？

问题：某国有企业工程项目招标，该项目施工合同估算价为790万元。参照《政府采购法》的规定，把招标公告发布在中国政府采购网上。请问中国政府采购网是不是国家指定的招标公告信息发布媒体？把招标公告发布在中国政府采购网上可以吗？

答案：该单位是国有企业，依据《必须招标的工程项目规定》（国家发展改革委令第16号）的相关规定，使用国有资金投资建设且达到相应规模标准的工程项目，属于依法必须招标的工程项目。

《招标投标法》第十六条规定："……依法必须进行招标的项目的招标公告，应当通过国家指定的报刊、信息网络或者其他媒介发布。"《招标公告和公示信息发布管理办法》（国家发展改革委令第10号）第八条规定："依法必须招标项目的招标公告和公示信息应当在'中国招标投标公共服务平台'或者项目所在地省级电子招标投标公共服务平台（以下统一简称'发布媒介'）发布。"且依据第九条规定："省级电子招标投标公共服务平台应当与'中国招标投标公共服务平台'对接，按规定同步交换招标公告和公示信息。"

依据上述法律的相关规定，该工程项目应当通过中国招标投标公共服务平台或项目所在地省级电子招标投标公共服务平台发布招标公告。如该工程项目只在中国政府采购网上发布招标公告，而未在上述平台上发布过招标公告，则属于未在国家指定媒介发布招标公告和公示信息，属违规行为，应当予以改正。

43. 投标截止后已知潜在投标人少于 3 个，应何时发布招标失败公告?

问题：请问在招标文件发售时间截止后收到某家单位的弃标函，使得已知潜在投标人数少于 3 个，那么可以马上发招标失败公告还是要在投标截止时间后才能发招标失败公告?

答案：推定投标人少于 3 个的，招标人可以立即组织重新招标。

《招标投标法实施条例》第四十四条规定："投标人少于 3 个的，不得开标；招标人应当重新招标。"这包括投标人实际少于 3 个和推定少于 3 个两种情形。

如果在招标文件发售时间截止后，购买招标文件的潜在投标人少于 3 个的，或者因已领购招标文件的潜在投标人声明放弃投标而使潜在投标人少于 3 个的，都属于推定投标人少于 3 个的情形，招标人可以立即确认招标失败并组织重新招标，而不必等到投标截止时间再宣布招标失败。

44. 水利项目的招标公告可以在所在省份水利系统自己的招投标服务平台上发布吗?

问题：请问所在省份水利系统有自己的招投标服务平台，水利项目的招标公告可以在该平台发布吗?

答案：《招标公告和公示信息发布管理办法》（国家发展改革委令第 10

号）第八条规定："依法必须招标项目的招标公告和公示信息应当在'中国招标投标公共服务平台'或者项目所在地省级电子招标投标公共服务平台（以下统一简称'发布媒介'）发布。"该办法第十五条同时规定："依法必须招标项目的招标公告和公示信息除在发布媒介发布外，招标人或其招标代理机构也可以同步在其他媒介公开，并确保内容一致。"

根据上述规定，本项目的招标公告和公示信息应当在中国招标投标公共服务平台或所在地省级电子招标投标公共服务平台发布，也可以同步在所在省水利工程招投标服务平台发布。如本项目仅在省水利工程招投标服务平台发布招标公告，该行为则涉嫌违法。

45. 邀请招标项目出售标书时间已过，还可以出售招标文件吗？

问题：某邀请招标项目邀请了3家制造商，其中一家制造商在最后一天前来购买招标文件，但未按要求带齐相关材料。该投标人按要求补齐全部资料后，招标文件购买截止时间已过。请问在这种情形下，招标人还能不能向其出售招标文件？

答案：无论是公开招标还是邀请招标项目，招标文件发售都应当严格执行招标公告或者投标邀请书的规定。如果投标人不满足招标文件购买时间或者购买手续要求，招标人不应向其出售招标文件。如果招标人延长了购买招标文件的期限，则招标人可以在该投标人补齐全部资料后向其出售招标文件。

46. 招标文件开始出售时间应当选择在工作日吗？

问题：《招标投标法实施条例》第十六条规定："招标人应当按照资格

预审公告、招标公告或者投标邀请书规定的时间、地点发售资格预审文件或者招标文件。资格预审文件或者招标文件的发售期不得少于5日。”

请问招标文件开始出售的第一天，要不要选择在工作日？是否可以在非工作日开始出售，还是要等到工作日后才计为第一天？

答案：《招标投标法实施条例》规定招标文件发售期不得少于5日。这里的“日”是指日历天，并不是工作日。立法时发售期采用日历天而非工作日，主要是为了提高效率考虑。

按照《招标投标法实施条例》的相关规定，招标文件的开始出售时间可以安排在非工作日。但是，如果安排在非工作日出售文件，招标人应当安排人员当班出售文件，使得潜在投标人能够顺利购买文件。此外，招标人不得故意利用节假日，尤其是类似于“黄金周”的长假发售资格预审文件或者招标文件，特别是发售期最后一天应当回避节假日，否则将在事实上构成限制或者排斥潜在投标人，并且也有违招标投标活动应当遵循的诚实信用原则。

47. 招标文件发售期是否计入等标期内？

问题：某依法必须进行招标的项目，4月26日发布招标公告并出售招标文件，5月17日开标，招标文件发售截止日期为5月2日。如果不计算开始出售文件当日和开标当日时间，刚好够法定的20日开标时间。

请问现在招标文件发售用去6天，只剩余14日，那么5月17日开标是否符合法律规定？

答案：《招标投标法》第二十四条规定：“……依法必须进行招标的项目，自招标文件开始发出之日起至投标人提交投标文件截止之日止，最短不得少于二十日。”该法条规定的最短不少于20日，是指招标文件开始发售之日至投标截止之日的时间间距，如公告发售当日开始发售文件，发售期满足5日以上，且从开始出售文件时间直至开标时间满足20日，则符合法律规定，可以正常开标。

48. EPC项目招标选择工程总承包商时应采用什么标准与合同?

问题：某家建设单位的市政类项目拟采用EPC总承包方式实施。工程总承包商的工作内容包括设计、采购、施工和试运行等。请问在招标时应当采用什么标准来选择工程总承包商？EPC项目应采用哪一类型的合同？

答案：《房屋建筑和市政基础设施项目工程总承包管理办法》（建市规〔2019〕12号）第十六条规定："企业投资项目的工程总承包宜采用总价合同，政府投资项目的工程总承包应当合理确定合同价格形式……"由于工程总承包相对比较复杂，评标宜采用综合评估法，评审的主要因素包括工程总承包报价、项目管理组织方案、设计方案、设备采购方案、施工计划、工程业绩等。

《房屋建筑和市政基础设施项目工程总承包管理办法》（建市规〔2019〕12号）第九条规定："……推荐使用由住房和城乡建设部会同有关部门制定的工程总承包合同示范文本。"合同可采用住房和城乡建设部、原国家行政管理工商总局联合印发的《建设项目工程总承包合同示范文本（试行）》（GF-2011-0216）。

49. EPC总承包项目中联合体一方将施工工作分包给联合体另一方是否合法合规?

问题：某EPC总承包招标项目，甲公司和乙公司组成联合体承担EPC

总承包项目投标。联合体协议规定：甲公司作为联合体牵头方，负责该项目的采购和施工工作；乙公司作为联合体成员，负责该项目的设计工作。该联合体中标后，甲公司又与乙公司签署了分包协议，将该 EPC 总承包项目的施工工作分包给乙公司。联合体成员乙公司具有设计和施工资质，且施工资质满足本项目的要求。请问甲公司是否可以把施工分包给乙公司？该行为是否合法合规？

答案：不合法。

《招标投标法》第四十八条规定："中标人应当按照合同约定履行义务，完成中标项目。中标人不得向他人转让中标项目，也不得将中标项目肢解后分别向他人转让……"

《住房城乡建设部关于进一步推进工程总承包发展的若干意见》（建市〔2016〕93 号）规定："工程总承包企业应当加强对分包的管理，不得将工程总承包项目转包，也不得将工程总承包项目中设计和施工业务一并或者分别分包给其他单位。工程总承包企业自行实施设计的，不得将工程总承包项目工程主体部分的设计业务分包给其他单位。工程总承包企业自行实施施工的，不得将工程总承包项目工程主体结构的施工业务分包给其他单位。"

联合体协议书是中标合同文件中的组成部分，联合体各方应当按照联合体协议的分工，负责相应工作。本项目甲公司应当按照联合体协议书的分工，自行承担本项目施工工作内容，不得将该部分工作内容转包给其他单位。本项目甲公司的分包行为，本质上属于将施工内容转包给乙公司，属法律文件明文禁止的行为，应予以纠正。

50．总承包单位具备相应资质，暂估价项目是否必须招标？

问题：某政府投资的工程施工总承包项目，以暂估价形式包含在总承包招标中的装饰装修工程合同估算超过了400万元。现该暂估价工程已具备招标条件，且原施工总承包单位具备相应的施工能力。

请问该装饰装修工程是必须要走公开招标程序，还是可以直接交给施工总承包单位承接？如果需要公开招标，由建设单位还是施工总承包单位作为招标人更加合适？

答案：该暂估价工程必须公开招标。

《招标投标法实施条例》第二十九规定："……以暂估价形式包括在总承包范围内的工程、货物、服务属于依法必须进行招标的项目范围且达到国家规定规模标准的，应当依法进行招标。"依据这一规定，依法必须进行招标的项目，以暂估价形式包含在总承包范围内的工程内容，达到必须招标的规模标准的，应当依法进行招标，而不得直接委托给原总承包单位或者其他具备相应资质资格条件的施工单位。本项目属于政府投资项目，依法应当公开招标。

关于暂估价项目的招标组织，实践中的做法主要有三种：一是由总承包单位组织招标，同时给予建设单位参与权和决策权；二是由建设单位和总承包单位共同组织招标，选择合适的施工单位；三是由建设单位组织招标，给予总承包单位参与权和知情权。一般暂估价项目由总承包单位作为该项目的招标人，给予建设单位一定的参与权和知情权比较合理，暂估价项目招标完成后，由总承包单位与暂估价项目中标人签订合同，这一做法有利于理顺合同关系，方便合同履行。

51. 两个可以合并招标的项目分别采购，是否涉嫌化整为零规避招标？

问题：某国有企业要在相隔 500 米左右的两个地方，分别建设两个集装箱办公室，每个办公室投资额在 230 万元左右，合计超过 400 万元。请问该项目属于必须公开招标的项目吗？能否将这两个办公室建设工程分别直接委托给具有相应能力的施工单位？

答案：《必须招标的工程项目规定》（国家发展改革委令第 16 号）第五条规定："本规定第二条至第四条规定范围内的项目，其勘察、设计、施工、监理以及与工程建设有关的重要设备、材料等的采购达到下列标准之一的，必须招标：（一）施工单项合同估算价在 400 万元人民币以上；（二）重要设备、材料等货物的采购，单项合同估算价在 200 万元人民币以上；（三）勘察、设计、监理等服务的采购，单项合同估算价在 100 万元人民币以上。"

该条款同时规定："同一项目中可以合并进行的勘察、设计、施工、监理以及与工程建设有关的重要设备、材料等的采购，合同估算价合计达到前款规定标准的，必须招标。"

本项目是同一招标人同时实施的同类施工项目，属于上述条款中"同一项目中可以合并的施工采购"的内容，且合并以后单项合同估算金额达到了依法必须招标的工程的限额标准。由于本项目的建设资金是由国有企业投资建设，属于使用国有资金投资的依法必须招标的工程项目，应当依据《招标投标法实施条例》第八条的规定，依法采用公开招标方式进行采购，建设单位不得化整为零规避招标。

52. 国有企业厂房改造项目方案变更后达到依法必须招标的规模标准是否应重新招标?

问题: 某国有企业厂房改造工程,原计划将地面(原地面有较多的设备基础、电缆沟槽等)、墙面、门窗、水暖电等进行改造改作他用,计划投资240万元。采用竞争性磋商方式选定了一家施工单位。

该工程实际施工开始一个月后,上级要求变更改造方案,把原层高为12米的厂房隔为两层,设计单位按照这一要求变更了厂房改造施工图,变更后的改造方案,在结构、建筑、水暖电等方面都增加了大量内容。

改造方案变更后,本项目约增加投资250万元,总投资共计达到490万元。请问该项目是否应当重新招标?如不重新招标,是否涉嫌肢解项目规避招标?

答案: 本项目应当依法重新组织招标。

本项目系国有资金投资建设的工程项目,在改造方案未进行重大变更之前,由于其未达到必须招标的规模标准,依法可以不进行招标。本项目改造方案发生重大变更后,由于更新改造投资大大增加,项目总投资达到了依法必须招标的规模标准,属于依法必须进行招标的项目,必须通过招标方式选择施工单位。

建议该国有企业应当在与原施工单位解除合同并处理好相关事宜后,依法通过招标方式确定施工单位。

53. 招标项目被暂停, 投标保证金可以退还吗?

问题: 某工程项目开标后有人提出异议,后被行政监督部门责令暂停招标。现在这个项目暂停招标已接近一个月时间，请问投标保证金可以退还吗？法律法规在这方面有什么规定？

答案：招标项目责令暂停期间，投标保证金不宜提前退还。

招标项目设置投标保证金的目的，主要是为了保护合同缔约过程中招标人的权益。依据《招标投标法实施条例》规定，投标保证金的主要作用包括两个方面：一是担保投标人在投标截止后至中标人确定之前，不得修改或撤销投标文件；二是保证投标人被确定为中标人后，按照招标文件和投标文件与招标人签订合同。

《招标投标法实施条例》第二十六条还规定，投标保证金有效期应当与投标有效期一致。

综合上述条款，从投标保证金的担保内容和担保期限来看，如该项目因故暂停且未超过投标有效期，投标保证金不宜提前退还。

54．暂停项目重启后开标时间如何设置？

问题：某项目 2020 年春节前发布的招标公告，原定于 2 月 11 日开标，后因不可抗力原因影响不能正常开标并发布了暂停公告。目前，想重新启动该项目招标活动。请问如何确定开标时间？

答案：如果该项目招标文件没有澄清和修改事项，可在重新确定的开标时间的前几天，书面告知所有已经获取招标文件的潜在投标人具体开标时间。如果涉及招标文件的澄清和修改，且澄清修改内容可能影响招标文件编制的，应当遵循《招标投标法实施条例》第二十一条规定的时限要求，顺延投标截止时间和开标时间。

55．公开招标失败后是否可以直接发包？

问题：公开招标后因投标人不足三家导致招标失败。本项目时间较紧，由于担心第二次流标，招标人不想组织二次招标，请问是否可以直接发包？

答案：应区分不同项目性质区别对待：第一，如属于依法必须进行招标的项目，招标人应当依法重新组织招标；第二，如不属于依法必须进行招标的项目，招标人有权自行决定改用其他采购方式。

但是，对于非强制招标项目而言，采购人拥有选择采购方式的自主权，即采购人有权自主决定是否采用招标方式进行采购。采购人的这一权利，不会因为选择了招标方式而失去。因此非强制招标项目招标失败后，采购人有权改用其他方式进行采购。

56．工程监理两次招标失败后可否改变采购方式？

问题：工程监理招标投标人不足三个导致两次流标，可以直接发包吗？

答案：工程监理招标因投标人不足三个，导致两次招标失败后，是否可以直接发包取决于项目性质。

如果属于非依法必须招标项目的监理服务，招标人可以直接委托监理。

如果属于依法必须招标项目的监理服务，又应当区分两种情况：属于按照国家规定需要政府审批、核准的项目，报经原项目审批、核准部门审批、核准后可以不再进行招标，并直接委托监理；其他工程建设项目，招标人可自行决定不再进行招标，并直接委托监理。

工程监理合同属于委托合同，虽然不同于工程勘察、设计合同等建设工程合同，但工程监理招标与工程勘察、设计招标同属于工程服务类招标。

招投标政府主管部门没有对工程监理招标投标活动制定专门的部门规章，但是工程监理招标可以参照工程勘察、设计招标依据的部门规章进行操作。《工程建设项目勘察设计招标投标办法》（国家发展改革委等八部门令第2号）第四十八条规定：“在下列情况下，依法必须招标项目的招标人在分析招标失败的原因并采取相应措施后，应当依照本办法重新招标：……（二）在投标截止时间前提交投标文件的投标人少于三个的……”第四十九条规定：“招标人重新招标后，发生本办法第四十八条情形之一的，属于按照国家规定需要政府审批、核准的项目，报经原项目审批、核准部门审批、核准后可以不再进行招标；其他工程建设项目，招标人可自行决定不再进行招标。”工程监理招标可以参照以上原则进行实务操作。

57. 招标人是否有权终止招标活动?

问题：根据《招标投标法实施条例》第三十一条规定，招标人有权终止招标活动；而《工程建设项目施工招标投标办法》第十五条规定，招标人在发布招标公告、发出投标邀请书后或者售出招标文件或资格预审文件后不得擅自终止招标。请问，上述两个法条是否存在冲突？招标人到底能不能终止招标？

答案：《招标投标法实施条例》第三十一条规定：“招标人终止招标的，应当及时发布公告，或者以书面形式通知被邀请的或者已经获取资格预审文件、招标文件的潜在投标人。已经发售资格预审文件、招标文件或者已经收取投标保证金的，招标人应当及时退还所收取的资格预审文件、招标文件的费用，以及所收取的投标保证金及银行同期存款利息。”从该法条内容看，法律虽然赋予招标人有终止招标的权利，但招标人一旦使用了该权利，就得承担相应的法律义务。除非有正当理由，招标人启动招标程序后不得擅自终止招标。

作为《招标投标法实施条例》下位法，《工程建设项目施工招标投标办法》第十五条对允许招标人终止招标的情形做了补充和完善，规定除不可抗力原因外，招标人在启动招标程序后，不得终止招标。从这个意义上看，两个法条的立法目的是一致的，不存在矛盾和冲突之处。

综上，招标人可以终止招标的特殊情形主要有两类：一是招标项目所必需的条件发生了变化；二是因不可抗力因素。除此情形之外，则属于擅自终止招标。

58. 招标人感觉中标人的报价不合理，是否可以将本次招标作废，重新招标？

问题：某依法必须进行招标的施工项目评标后，评标委员会推荐了中标候选人，但是单位领导觉得中标人的报价不合理，计划将这次招标作废，重新招标。请问上述做法是否妥当？为什么？正确的做法是什么？

答案：根据《招标投标法实施条例》的规定，招标人终止招标的，应当及时发布公告，或者以书面形式通知被邀请的或者已经获取资格预审文件、招标文件的潜在投标人。已经发售资格预审文件、招标文件或者已经收取投标保证金的，招标人应当及时退还所收取的资格预审文件、招标文件的费用，以及所收取的投标保证金及银行同期存款利息。

根据《工程建设项目施工招标投标办法》相关规定，除不可抗力原因外，招标人在发布招标公告、发出投标邀请书后或者售出招标文件后不得终止招标。招标人在发布招标公告、发出投标邀请书或者售出招标文件后终止招标的，应当及时退还所收取的招标文件的费用，以及所收取的投标保证金及银行同期存款利息。给潜在投标人或者投标人造成损失的，应当赔偿损失。

综上，上述做法不妥。已经招标的项目不得随意终止招标，如果决定终止招标的，给中标人造成损失的，应赔偿损失。正确的做法是不将本次招标作废，招标人应依法签订合同，并且在签订合同时，根据《招标投标法实施条例》规定，合同的标的、价款、质量、履行期限等主要条款应当与招标文件和中标人的投标文件的内容一致。

59. 法人与法定代表人有何区别?

问题：法人与法定代表人的区别是什么?

答案：法人是具有民事权利能力和民事行为能力，依法独立享有民事权利和承担民事义务的组织。

法定代表人是依照法律或者法人组织章程规定，代表法人行使职权的负责人，是法人的法定代表人。

60. 两家公司法定代表人是夫妻关系，参加同一个项目投标，能否认定为串标?

问题：两家施工单位来参加投标，这两家单位的法定代表人是夫妻关系，两个法定代表人分别占有两家公司股份的85%和95%。也就是说两家公司老板就是他们夫妻两个。那么他们参加同一个项目的投标，能否认定为串标，中标结果有效吗?

答案：这种情况不符合《招标投标法》公平竞争的原则。虽然《招标投标法实施条例》第三十四条规定："……单位负责人为同一人或者存在控股、管理关系的不同单位，不得参加同一标段投标或者未划分标段的同一招标项目投标……”，并未明确夫妻分别控制的企业不得同时投标，但法律不可能穷尽各种情形。夫妻分别控制的企业与“单位负责人为同一人或者存在控股、管理关系的不同单位”具有相同的性质，同时参加投标必然会影响招标投标的公平性，因此不符合《招标投标法》的要求。此种情况不应认定为串通投标，而应按照《招标投标法实施条例》第三十四条规定，认定投标无效。

61．项目前期咨询单位是否可以参加该项目EPC投标？

问题：某国有资金占控股地位且依法必须招标的项目，拟采取EPC方式发包，A设计单位已为建设单位完成了该项目可行性研究报告编制工作，是否还可以参与其EPC招标的投标？

答案：如果本项目是公路项目，根据《公路工程设计施工总承包管理办法》（交通运输部令2015年第10号）规定，总承包单位不得是总承包项目的初步设计单位、代建单位、监理单位或以上单位的附属单位。因此，工程可行性研究报告编制单位可以参加公路总承包项目的投标。

如果本项目是房建和市政项目，根据《房屋建筑和市政基础设施项目工程总承包管理办法》（建市规〔2019〕12号）规定，政府投资项目的项目建议书、可行性研究报告、初步设计文件编制单位及其评估单位，一般不得成为该项目的工程总承包单位。政府投资项目招标人公开已经完成的项目建议书、可行性研究报告、初步设计文件的，上述单位可以参与该工程总承包项目的投标，经依法评标、定标，成为工程总承包单位。

但是根据《标准设计施工总承包招标文件》（2012年版）的规定：“在招标项目前期工作提供咨询服务的，不得参与本项目投标。”因此，对于使用《标准设计施工总承包招标文件》编制项目招标文件的项目，工程可行性研究报告编制单位不得参与投标。

2017 年 2 月 24 日发布的《国务院办公厅关于促进建筑业持续健康发展的意见》（国办发〔2017〕19 号）中提出，要加快推行工程总承包、加快完善工程总承包相关的招标投标、施工许可、竣工验收等制度规定。

在目前国家针对工程总承包的政策法规尚不完善的情况下，应当根据工程总承包招标项目的具体特点和实际需要选择适用的政策法规。

62．投标活动是否允许个体户参加？

问题：招标文件没有具体要求，但法律上是否允许个体户参加投标？

答案：除依法招标的科研项目允许个人参加投标的特殊情形外，个体户作为自然人不得参加投标。

《招标投标法》第二十五条规定："投标人是响应招标、参加投标竞争的法人或者其他组织。依法招标的科研项目允许个人参加投标的，投标的个人适用本法有关投标人的规定。"

《中华人民共和国民法总则》（以下简称《民法总则》）（2021 年 1 月 1 日《中华人民共和国民法典》（以下简称《民法典》）施行，《民法总则》废止）第五十四条规定："自然人从事工商业经营，经依法登记，为个体工商户。"

因此，个体户属于自然人，不属于法人、非法人组织，除依法招标的科研项目允许个人参加投标的特殊情形外，个体户不是《招标投标法》规定的投标人的适格主体。

63．分公司可以投标吗？

问题：请问子公司与分公司的区别，对于一个工程施工项目，是否允许分公司投标？对于一般项目（例如不要求资质的项目），是否允许分公司投标？

答案：分公司与子公司的区别详见下表。

分公司与子公司的区别

类别	分公司	子公司
法人资格	不具有法人资格	具有法人资格
营业执照	有营业执照	有企业法人营业执照
民事责任	民事责任由公司承担	独立承担民事责任
资质证书	不能取得施工资质证书	可以取得施工资质证书

对于工程施工项目，不允许分公司投标，因为工程施工项目要求投标人具有相应的总承包或者专业承包资质，分公司不能取得施工资质证书。

对于一般项目，可以允许分公司投标，但最终的民事责任由其总公司承担。

64. 分公司能否用总公司的资质投标？

问题：某电子智能化招标项目，有家投标单位是分公司，因为没有资质，使用了总公司的资质参加该项目的投标。评审时，评标委员会认为总公司对分公司有资质授权，认定分公司投标有效。请问：分公司可以用总公司的资质投标吗？

答案：该项目分公司投标无效。

资质是一种行政许可，不得私相授受。总公司将自己的资质授权给下属分公司，允诺其使用该资质参加投标的做法是不合法的。

需要注意的是：如果该项目分公司以总公司的名义投标，则该分公司在该项目中的角色就是投标人（总公司）的授权代表，而不是分公司自己在投标。这种情况下，投标有效。

65. 母子公司参加同一项目投标，评标时母公司主动放弃投标，对子公司的投标应如何处理？

问题：某工程项目公开招标，共有6家施工企业参加投标，其中有两家是母子公司。该项目进入评标阶段以后，母公司出具书面通知主动放弃投标。请问评标委员会是否应当对子公司的投标文件继续评审，还是要否决该子公司的投标？

答案：该子公司的投标应做无效投标处理。

《招标投标法实施条例》第三十四条第二款规定："单位负责人为同一人或者存在控股、管理关系的不同单位，不得参加同一标段投标或者未划分标段的同一招标项目投标。"根据该条款的规定，下列不同投标单位不得参加同一招标项目的投标活动：①单位负责人为同一人的不同投标单位；②存在控股关系的不同投标单位；③存在管理关系的不同投标单位。

法律禁止存在上述关系的不同投标单位参与同一个项目竞争，是为了维护投标公正而做出的限制性规定。在招标投标实践中，存在控股或者管理关系的两个单位参加同一招标项目投标，容易发生事先沟通、私下串通等现象，影响竞争的公平，有必要加以禁止。本例母、子公司之间存在着控制与被控制的关系，属法律规定的禁止投标之列。

《招标投标法实施条例》第三十四条第三款还规定："违反前两款规定的，相关投标均无效。"这里的投标无效，是指投标活动自始无效。也就是说，只要存在条例第三十四条第一款、第二款规定的禁止情形，不论于何时发现，相关投标均应作无效处理。具体地说：如在评标环节发现这一情况，评标委员会应当否决其投标；如在中标候选人公示环节发现这一情况，招标人应当取消其中标资格；如在合同签订后发现这一情况，则该中标合同无效，招标人应当撤销合同，重新依法确定其他中标候选人为中标人，或重新招标；如该合同已经履行，无法恢复原状，则该中标合同无效，中标人应当赔偿因此造成的损失。

本例在评标环节发现母、子公司同时参加同一项目投标的情形，评标委员会应当对母、子两家公司的投标文件均作否决投标处理。评标委员会否决投标的行为，应当依法自行做出，而不受母公司是否作出放弃投标行为的影响。

此外，母公司投标截止后放弃投标，其法律性质属于撤销要约。作为招标人，还可以依据相关法律和招标文件的规定，不退还该公司的投标保证金。

66. 如何理解“母公司、全资子公司及其控股公司”不得同时投标？

问题：请问如何理解“母公司、全资子公司及其控股公司”不得同时投标？全资子公司、控股公司能否同时投标？也就是说，兄弟公司在货物招标中能否同时投标？

答案：同一公司的全资子公司及其控股公司，即兄弟公司，如果其法定代表人不为同一人，可以同时参加同一标段投标或者未划分标段的同一项目投标。

《招标投标法实施条例》第三十四条第二款规定：“单位负责人为同一人或者存在控股、管理关系的不同单位，不得参加同一标段投标或者未划分标段的同一招标项目投标。”因此，母子公司不能同时在同一项目投标；但是同一母公司的全资子公司和控股公司之间，即兄弟公司之间，如其法定代表人不为同一人，可以参加同一标段投标或者未划分标段的同一项目投标。

67. 根据《工程建设项目施工招标投标办法》，无资格参加投标的附属机构包括哪些?

问题：《工程建设项目施工招标投标办法》（国家发展改革委等七部门令第30号）第三十五条规定，投标人是响应招标、参与投标竞争的法人或者其他组织。招标人的任何不具独立法人资格的附属机构（单位），或者为招标项目的前期准备或者监理工作提供设计、咨询的服务的任何法人及其任何附属机构（单位），都无资格参加该招标项目的投标。请问附属机构包括哪些?

答案：《工程建设项目施工招标投标办法》第三十五条中所指的“附属机构（单位）”具体范围包括母公司的全资子公司、控股子公司及公司不具有法人资格的分公司、办事处、代表处等相关机构。

68. 工程施工项目中，母公司是否可以将招标项目直接发包给具备施工资质的子公司?

问题：某工程施工项目的招标人是A公司，B公司是A公司的全资子公司，A公司不具备招标项目所需的资质，B公司具备该施工项目所需的资质和能力，A公司是否可以将招标项目直接发包给B公司?如果不能直接发包，B公司是否可以参加A公司招标项目的投标?

答案：A公司不能将招标项目直接发包给B公司。因为《招标投标法实施条例》第九条规定，采购人依法能够自行建设、生产或者提供的，可以不招标。A公司不具备招标项目所需的资质，不能自行施工建设，必须通过招标确定施工承包单位。

B公司虽然是A公司的全资子公司，但A公司和B公司均为独立法人单位，各自承担权利和义务，所以尽管B公司具备该施工项目所需的资质和能力，A公司也不能将招标项目直接发包给B公司。

在不影响招标公正性的前提下，B公司可以参加A公司的招标项目。因为根据《招标投标法实施条例》第三十四条的规定，与招标人存在利害关系可能影响招标公正性的法人、其他组织或者个人，不得参加投标。本条没有一概禁止与招标人存在利害关系的法人、其他组织或者个人参与投标，禁止投标需要同时满足“存在利害关系”和“可能影响招标公正性”两个条件。即使投标人与招标人存在某种“利害关系”，但如果招投标活动依法进行、程序规范，该“利害关系”并不影响其公正性，就可以参加投标。

69. 新公司能否继承原公司的资质及合同业绩？

问题：某工程施工招标项目中，某投标人属于从集团公司中分立出来的法人单位（新公司），成立时间未满1年，其专业团队成建制从集团公司（原公司）剥离出来，在投标文件中附有集团公司证明，证实其确实属于从集团公司剥离出来的独立法人。请问新公司能否继承原公司的成立时间？新公司能否继承原公司的资质及合同业绩？

答案：新公司属于新设立的独立法人，不能继承原公司的成立时间。

新公司是集团公司分立出来的独立法人，与原集团公司是两个不同的法人单位，不能继承原公司的资质及合同业绩，但原公司经过合法程序将资质转让给新公司的除外。

70. 如何界定招标人和投标人是否存在利害关系？

问题：某园林绿化项目招标，招标人有 5 个出资人，潜在投标人甲有 3 个出资人。招标人的出资人之一和投标人甲的出资人之一都是某实体企业的员工，两人互为同事关系。请问是否可认定该潜在投标人与本项目的招标人存在利害关系？潜在投标人甲是否可以参与本项目的投标？

答案：该潜在投标人可以参与本项目投标。

《招标投标法实施条例》第三十四条规定："与招标人存在利害关系可能影响招标公正性的法人、其他组织或者个人，不得参加投标。"本项目招标人的个别出资人和供应商的个别出资人系同事关系，并非为同一人，不存在直接的利益冲突关系。因此，潜在投标人甲可以参与本项目的投标。

71. 拥有多个专业证书的建造师是否可以同时承接多个相应专业的建设项目？

问题：某市政工程施工项目，投标人所报的项目负责人具有建筑工程和市政工程两个专业的一级建造师证书。有资料显示，该建造师已有建筑工程在建项目，但没有市政工程在建项目。

请问该建造师能否参加市政工程类项目的投标？

答案：不能。

《注册建造师管理规定》（建设部令第 153 号）第二十一条第二款规定："注册建造师不得同时在两个及两个以上的建设工程项目上担任施工单位项目负责人。"

法条中的用语是"建设工程项目"，并未区分专业类型。从这个角度看，只要该建造师已有在建项目了，一般即不得承接其他建设项目。

通常情况下，招标文件也会有关于“项目负责人不得有在建项目”等类似要求，此规定的主要目的是为了保证项目负责人每月能有足够的时间到现场进行施工管理。

综上所述，该建造师已有在建项目，不得再参加其他建设工程招标项目的投标活动。

72. 交易中心是否有权认定投标无效？

问题：某地区开标之前先由交易中心检查投标保证金交纳情况，最近某施工项目，共有四家企业投标，其中两家企业投标保证金未到账，交易中心当场宣布这两家企业投标无效，标书没有拆封就被退回了，剩余两家企业投标有效，但是因投标人不足三家而流标。现在这个项目要重新组织招标。请问交易中心是否有权认定投标无效？这种操作合法吗？

答案：《招标投标法》第三十七条规定：“评标由招标人依法组建的评标委员会负责。”依据相关法律规定，投标文件是否有效，应当由招标人依法组建的评标委员会做出认定。实践中，个别地区由交易中心工作人员检查投标保证金是否交纳，并直接认定该投标文件无效的做法，是缺乏法律依据的。

本项目应对在投标截止前收到的所有投标文件拆封并唱标，交由评标委员会按照法律法规和招标文件的规定，对投标文件进行评审并推荐中标候选人，或根据评审情况依法否决全部投标。

73. 投标单位领取招标文件后企业名称发生变更怎么办？

问题：某投标单位在交易平台登记参加某项目投标后，企业名称发生了变更，请问可以用变更后的企业名称继续进行投标吗?

答案：可以。

投标企业可以去工商行政管理部门开一份企业名称变更证明，并将该证明资料附在投标文件中，以证明两个名称不同的单位实际上是同一企业。

74. 项目设计招标时，项目勘察单位的控股企业是否可以参加投标？

问题：某项目现在处于设计招标阶段。承担该项目勘察工作的 A 勘察设计院，其下属的控股公司 B 企业也参加了本项目的设计投标。请问，该企业可不可以参加本项目投标？是不是属于有利害关系须禁止投标之列?

答案：《招标投标法实施条例》第三十四条规定："与招标人存在利害关系可能影响招标公正性的法人、其他组织或者个人，不得参加投标。"

该法条禁止的是"和招标人存在利害关系"，和本项目之前的勘察单位存在利害关系不属于《招标投标法实施条例》的禁止之列。此外，从工作性质来看，勘察工作和设计工作也不存在着需要相互制衡的情况，就算是同一家单位分别参加本项目的勘察招标和设计招标，也没有必要禁止，更何况是本项目勘察单位的下属机构。

75. 两家投标企业的股东互为法定代表人，是否可以参加同一项目投标?

问题：某建设单位施工招标项目发生了一件十分蹊跷的事。参加该项目投标的施工单位甲建筑工程有限公司（简称"甲公司"）与参加该项目投标的施工单位乙建筑装潢有限公司（简称"乙公司"）有两名股东相同。其中：甲公司的股东有孙某、赵某和其他三名股东，孙某为该公司的法定代表人；乙公司的股东为孙某、赵某和其他一名股东，赵某为该公司的法定代表人。

该项目评审时，评标委员会认为甲、乙两家公司存在利害关系，违反《招标投标法实施条例》，对这两家单位的投标文件做了否决处理。评标结果公示期间，收到甲、乙两家公司的异议，称否决投标没有法律依据。请问评标委员会的否决投标处理是否妥当？对这两家投标单位的投标文件应当如何处理比较合适？

答案：评标委员会以该两家投标单位存在利害关系为由否决其投标文件的处理不妥当。

《招标投标法实施条例》第三十四条第二款规定："单位负责人为同一人或者存在控股、管理关系的不同单位，不得参加同一标段投标或者未划分标段的同一招标项目投标。"本项目甲、乙两家单位的法定代表人不是同一人，甲乙两家单位之间也不存在控股关系和管理关系，不能依据该条规定直接判断两家投标人的投标无效。

但本项目两家投标人之间的关系比较蹊跷，确实存有串通投标的可能性。建议评标委员会在评审时，应对这两家单位的投标文件给予重点关注、仔细甄别，如发现两家单位的投标文件存在异常一致、报价呈规律性差异，或文件混装等情形，可依据《招标投标法实施条例》第四十条的规定，认定两家单位视同串通投标，否决其投标文件。

76. 何为投标人之间存在管理关系？

问题：某工程项目评标结束后，有投标人对评标结果提出异议，称第一中标候选人甲公司的法定代表人，在另一投标人乙公司的母公司（丙公司）担任董事，应依据《招标投标法实施条例》的相关规定，判定甲、乙两家公司的投标为无效投标。

请问该情形是否属于《招标投标法实施条例》第三十四条规定的投标人之间存在管理关系?

答案: 不属于。

《招标投标法实施条例》第三十四条第二款规定:“单位负责人为同一人或者存在控股、管理关系的不同单位,不得参加同一标段投标或者未划分标段的同一招标项目投标。”

国家发展改革委法规司等单位编著的《中华人民共和国招标投标法实施条例释义》中,对存在管理关系的解释如下:“所谓管理关系,是指不具有出资持股关系的其他单位之间存在的管理与被管理关系。”需要注意的是,该法条禁止的是不同单位之间的管理关系,而不是指自然人之间存在的上下级关系或其他管理关系。本项目投标人甲公司和乙公司作为两个相互独立的法人,两家公司之间并不存在控股或管理关系,不属于法律规定的禁止投标情形之列。

77. 投标保证金忘了退还怎么办?

问题: 某公司 2012 年参与一个项目投标,中标后签订了合同。该项目已经于 2014 年竣工验收,但该公司一直忘了要求招标人退还投标保证金。到目前为止,该项目投标保证金一直未退还,请问该公司如何讨回这个项目的投标保证金?

答案: 带上该项目的投标保证金递交收据或银行转账单之类的凭据,向招标人要求退还即可。

78. 招标文件可以要求投标保证金汇入代理公司的分支机构吗?

问题:某施工企业想参加一个施工项目的投标。该项目招标公告是以招标代理公司的名义发布的，但招标文件上要求投标人将投标保证金汇至该招标代理公司的分公司。请问这种情形合法吗?

答案:招标文件可以做这方面的规定。

从谨慎角度考虑，投标人可以向该招标代理机构总公司咨询一下，以确认该做法是否经过总公司的同意或授权。如经过授权，该分公司接收投标保证金的行为即代表总公司。

79. 不予退还的投标保证金归谁所有?

问题:某市级公共资源交易中心遇到一个工程施工项目，中标候选人在公示期间无正当理由放弃中标。按照招标文件的规定，该投标人的投标保证金将不予退还。

请问不予退还的保证金是归招标人所有，还是由交易中心统一上缴国库?现在招标人提出要到该交易中心提取该投标保证金，交易中心该如何处理?招标人需要提供哪些材料，才能把保证金转给招标人?

答案:不予退还的投标保证金的归属问题，本题应分不同情形区别处理:

第一，对于政府采购项目，《财政部关于明确政府采购保证金和行政处罚罚款上缴事项的通知》(财库〔2011〕15 号)规定:“在中央政府采购活动中，供应商出现政府采购相关规定和采购文件约定不予退还保证金(投标保证金和履约保证金)的情形，由集中采购机构、采购人按照就地缴库程序，将不予退还的保证金上缴中央国库。”依据这一文件精神，政府采购项目不予退还的保证金，应该作为政府非税收入上缴财政国库，不得自行处理。

第二，对于依法必须招标的国有企业项目，不予退还的投标保证金应交招标人，由招标人上缴国库，或由交易中心代为上缴国库。

第三，不属于依法必须招标的国有企业自有资金项目，不予退还的投标保证金应直接归招标人所有。

目前很多地方的投标保证金由公共资源交易中心代收，如需把不予退还的投标保证金转给招标人，可由招标人向交易中心出具书面函件，说明情由，以利于交易中心做账即可。

80. 两家单位由同一人领取澄清文件是否构成串标?

问题：某施工项目分为三个标段招标。在发澄清说明文件时，有一个人为不同的两家投标单位领取了同一个标段的澄清文件，评审时发现两家单位在投标文件上填写的联系人也是同一人。请问上述行为是否可认定为串标?

答案：该行为可视为串通投标。

《招标投标法实施条例》第四十条规定：“有下列情形之一的，视为投标人相互串通投标：（一）不同投标人的投标文件由同一单位或者个人编制；（二）不同投标人委托同一单位或者个人办理投标事宜；（三）不同投标人的投标文件载明的项目管理成员为同一人；（四）不同投标人的投标文件异常一致或者投标报价呈规律性差异；（五）不同投标人的投标文件相互混装；（六）不同投标人的投标保证金从同一单位或者个人的账户转出。”

本项目出现的情况符合“不同投标人委托同一个人办理投标事宜”情

形，依法可视为上述两家投标人相互串通投标。

81. 招标失败投标人是否可以索赔投标成本？

问题：某投标单位参加了一个工程设备招标项目的投标。该项目两次招标都因投标人不足三家而流标。招标失败后，招标人拟不再招标，直接从其他企业购买该设备，导致投标人两次投标成本白白浪费。请问：可以要求招标人退还购买招标文件的费用，赔偿投标人的投标成本吗？

答案：投标人参加投标的费用，是其经营活动中应当支付的费用。作为一名成熟理性的投标人，理应考虑到投标失败的风险并自行承担相应成本。

如非招标人的原因导致项目招标失败的，招标人可以不退还招标文件的购买费用，且无须承担投标人的投标成本。

82. 法定代表人相同的两家企业可以组成联合体投标吗？

问题：某工程项目评标时发现，有联合体两家成员单位的法定代表人相同。《招标投标法实施条例》第三十四条规定："单位负责人为同一人或存在控股、管理关系的不同单位，不得参加同一标段或者未划分标段的同一招标项目投标。"

请问该情形是否属于禁止投标之列？

答案：法定代表人相同的两家单位组成联合体参加同一项目投标不违法。

《招标投标法实施条例》第三十四条规定的情形，本意是指法定代表人相同的两家单位，以不同投标人的身份参加同一个招标项目投标时，容易对其他投标人产生不公平现象，故禁止其投标。

本项目的情形是：法定代表人相同的两家单位组成投标联合体，以一个投标人的身份参加投标，并不影响其他投标人的公平竞争，不属于法律规定的禁止情形之列。

83. 子公司是否可以与其他单位组成联合体，与其母公司同时参加一个项目投标？

问题：某项目资格审查时发现：母、子公司同时参加了本项目投标。其中母公司以自身名义单独投标，而其全资子公司则与其他单位共同组成了联合体参加本项目投标。

请问该情形是否属于《招标投标法实施条例》第三十四条规定的投标无效情形呢？

答案：应该属于投标无效情形。

《招标投标法实施条例》第三十四条规定：“……单位负责人为同一人或者存在控股、管理关系的不同单位，不得参加同一标段投标或者未划分标段的同一招标项目投标。”

本例投标人母公司和其全资子公司存在控股、管理关系，尽管子公司与其他投标单位组成了投标联合体，但是这一做法没有改变其存在控股、管理关系的两家投标人同时参与本项目投标这一事实。依据相关法律规定，该母公司、子公司的投标文件均应作无效处理。

84. 工程项目投标联合体的资质如何判定？

问题：某施工招标项目施工单位应同时具备建筑工程总承包二级资质

和市政工程总承包二级资质两项资质。该项目接受联合体投标。

评审时，评标委员会发现：有一家投标联合体的两个成员各自只满足其中一项资质要求。联合体协议中写明，由具备建筑工程施工总承包二级资质的成员负责建筑工程施工，由具备市政工程施工总承包二级资质的成员负责市政工程施工。

请问该投标联合体是否符合要求？《招标投标法》规定的“联合体各方均应当具备承担招标项目的相应能力”，是不是指联合体成员各方都要满足本项目要求的两项资质条件？

答案：《招标投标法》第三十一条规定，两个以上法人或者其他组织可以组成一个联合体，以一个投标人的身份共同投标。

该法条第二款同时规定：“联合体各方均应当具备承担招标项目的相应能力；国家有关规定或者招标文件对投标人资格条件有规定的，联合体各方均应当具备规定的相应资格条件……”关于这一规定的理解，应把握以下两点：

一是投标联合体应当具备相应能力或资格条件。本项目可以由两个以上法人或者其他组织组成一个联合体，由不同单位组成的投标联合体，投标联合体的资质条件应当具备承担招标项目的相应能力。

二是联合体各方均应当具备相应能力或相应资格条件。需要注意的是，这里的“均应当具备”应与“相应能力（或相应资格条件）”结合起来一并阅读和理解，即该法条要求的是，联合体各方都要满足自己所承担的那部分工作内容所要求的资质（或资格）条件。此外，从合理性角度分析，要求不承担建筑工程施工任务的企业具备建筑施工资质是不合理的；同样的道理，要求不承担市政工程施工任务的企业也应具备市政资质，也属于不合理要求。此处“相应能力”指的就是联合体协议中约定的联合体各方承担的任务的履约能力或者资质要求。

综上，联合体各方都具备各自所承担的那部分工作内容的相应资质即可。结合案例背景，本项目投标联合体成员当中的任意一方，都无须同时兼具建筑工程施工总承包二级和市政工程施工总承包二级两项资质，只需具备联合体分工协议中各自承担的那部分工作内容要求的资质即可。本例投标联合体的资质条件满足该项目招标文件的要求。

85. 同一母公司下属的三家子公司，一家子公司招标， 另外两家子公司能否同时参与投标？

问题：同一母公司下属的三家子公司 A、B、C，三家子公司不存在参股或控股关系，不存在管理关系，且三家子公司法定代表人不为同一人。A 公司作为招标人进行招标，B 公司和 C 公司能同时参与投标吗？

答案：B 公司和 C 公司可以同时参与投标，此种情形不为法律所禁止。

《招标投标法实施条例》第三十四条第一款规定："与招标人存在利害关系可能影响招标公正性的法人、其他组织或者个人，不得参加投标。"第二款规定："单位负责人为同一人或者存在控股、管理关系的不同单位，不得参加同一标段投标或者未划分标段的同一招标项目投标。"

A、B、C 三公司均为独立法人，所以 A 公司作为招标人，B、C 两公司作为投标人不违反上述第一款关于投标人与招标人存在利害关系需要回避投标的规定；B、C 两公司单位负责人不为同一人，且不存在控股、管理关系，同时参加投标也不违反上述第二款关于投标人之间存在利害关系需要回避投标的规定。综上，B 公司和 C 公司可以同时参与该项目投标。

二、开标、评标与定标

86. 开标后是否允许提交投标文件副本?

问题：项目招标文件要求递交一正三副投标文件，有一家投标人仅密封递交了正本投标文件。请问：是否允许该投标人在开标后补交投标文件副本?

答案：不允许。

《招标投标法实施条例》第三十六条规定："未通过资格预审的申请人提交的投标文件，以及逾期送达或者不按照招标文件要求密封的投标文件，招标人应当拒收。"尽管投标人递交了投标文件的正本，但在投标截止时，该投标人未提交投标文件的副本。因此，该副本属于《招标投标法实施条例》第三十六条规定的"逾期送达的投标文件"，依法不得接收。

87. 开标现场发现投标无效应如何处理?

问题：某公开招标的项目，招标文件中要求提交投标保证金。投标截止时，只有三家单位提交了投标文件。在开标现场发现，只有两家单位缴纳了保证金。在已经递交保证金的投标单位中，一家报价超出了最高投标限价，另外一家账户被法院冻结。请问是否可以现场宣布投标无效?

答案：从上述情况来看，三家投标人的投标明显都不满足招标文件的实质性要求。但是，依据《招标投标法》第三十七条“评标由招标人依法组建的评标委员会负责”和第三十八条第二款“任何单位和个人不得非法干预、影响评标的过程和结果”等相关规定，投标文件是否有效应由评标委员会判定，其他任何单位和个人均无权评判投标文件是否有效。

在本例中现场工作人员应当将上述情况如实记录下来，交由评标委员会处理。

88. 商务标文件和技术标文件分别封装、一并递交，请问可否在不同时段分别开标？

问题：上午9时为投标文件（包括商务标书和技术标书）递交截止时间，9时举行技术标开标会，会议结束后进行技术标评审。当天或第二天举行商务标开标会，再进行评审（递交截止时间及两次开标会在招标文件中均已载明）。请问这样操作可以吗？还有其他操作方式吗？

答案：开标是招标投标活动应当遵循的公开原则的体现，以确保投标人提交的投标文件与评标委员会评审的是同一份文件。要如实公布和记录开标过程以及投标文件的唱标内容，以加强招标人和投标人之间，以及投标人与投标人相互之间的监督。

《招标投标法》第三十四条规定：“开标应当在招标文件确定的提交投标文件截止时间的同一时间公开进行。”第三十六条规定：“开标时……由工作人员当众拆封，宣读投标人名称、投标价格和投标文件的其他主要内容。”

《招标投标法实施条例》第四十四条规定：“招标人应当按照招标文件规定的时间、地点开标。”

结合起来理解，招标人可以按招标文件中已公开约定的时间、地点、方式和内容公开开标，每次开标均有密封检查、当众拆封、当众宣读等程序限制。

89. 投标人迟到，招标人能否接受其递交的投标文件并开标？

问题： 投标人迟到，招标人能否与其他投标人协商同意接收迟交的投标文件并开标？

答案： 招标人不能与投标人协商同意接收迟交的投标文件并开标。

《招标投标法》第二十八条规定："投标人应当在招标文件要求提交投标文件的截止时间前，将投标文件送达投标地点……在招标文件要求提交投标文件的截止时间后送达的投标文件，招标人应当拒收。"

即使招标人征得其他投标人同意接收迟交的投标文件，也属违法的约定，而违法的约定没有效力。此外，其他投标人虽然暂时同意招标人接收迟交的投标文件，但事后仍然有权对招标人的违法行为提出异议，甚至向行政监督部门投诉。因此，为保证招标的公正性，避免合规性风险，招标人的正确做法是拒收迟交的投标文件。

90. 修改投标保证金账户是否需顺延开标时间？

问题： 某招标代理机构代理了一个工程施工招标项目，由于编制招标文件的工作人员失误，招标文件中提供给投标人的投标保证金交纳开户行、账号等相关信息出现错误。现在距离开标还有10天时间，招标代理机构准备发布补充文件修正这一错误。请问修改投标保证金交纳账户算不算是对招标文件实质性内容的修改，如果发布澄清修改文件距离开标时间不足15天，开标时间是否需要顺延？

答案：无须顺延开标时间。

《招标投标法实施条例》第二十一条规定：“招标人可以对已发出的……招标文件进行必要的澄清或者修改。澄清或者修改的内容可能影响……投标文件编制的，招标人应当在提交……投标截止时间至少15日前，以书面形式通知所有获取……招标文件的潜在投标人；不足……15日的，招标人应当顺延提交……投标文件的截止时间。”根据这一规定，只有澄清或修改的内容可能影响投标文件的编制时，才需顺延开标时间。

需要注意的是：实际上，招标文件的任何澄清和修改，或多或少都有可能对投标文件的编制带来一定影响。这些影响大致可以分为三类：第一类是可能增加投标文件编制的工作量；第二类是可能减轻投标文件编制的工作量；第三类是可能有助于潜在投标人在编制投标文件时对相关内容做出理解和判断。业界通常认为，第二类和第三类情形没有必要顺延投标截止时间。在上述三类情形中，第一类影响情形又可分为三种情形：一是可能增加大量的工作量；二是可能增加的工作量较为一般；三是可能增加较小的工作量。

国家发展改革委法规司等单位编著的《中华人民共和国招标投标法实施条例释义》一书对本条的释义如下：可能影响投标文件编制的澄清或者修改的情形，包括但并不限于对拟采购工程、货物或服务所需的技术规格，质量要求，竣工、交货或提供服务的时间，投标担保的形式和金额要求，以及需执行的附带服务等内容的改变。这些改变将给潜在投标人带来大量额外工作，必须给予潜在投标人足够的时间以便编制完成并按期提交投标文件。

显然，法律意义上的“可能影响投标文件的编制”，系指可能给投标文件的编制增加大量额外工作的第一种情形。本例系发布修改文件变更账户信息，该变更一般不至于给投标文件的编制带来大量额外工作，无须顺延投标截止时间。

91. 未按照规定程序开标应如何处理?

问题:某个项目在招标文件中规定:电子光盘导入后先宣布投标报价,再进行评审。但在开标现场代理机构导入光盘后即开始资信技术评审,资信技术标评审结束后才宣布投标报价并进行价格评审。评审结束后,有投标人提出程序不符合规定,要求重新组织招标。请问该如何处理?

答案:《招标投标法实施条例》在制定时考虑了开标的特殊性,第四十四条第三款中规定:"……投标人对开标有异议的,应当在开标现场提出,招标人应当当场做出答复,并制作记录。"该条例将异议作为投诉的前置条件,故投标人在评审结束后提出异议不符合前述规定。

对于该项目来说,应依据该程序性错误是否对评审结果造成实质性影响而进行区别处理:如该程序性错误对评审结果未造成实质性影响,建议认定开标、评标活动有效,对招标代理机构未按规定开标的情况另行处理;如该程序性错误导致影响评审结果的,建议重新组织招标,并对招标代理机构按规定处理。

92. 工程项目招标, 符合条件的投标人只有两家怎么办?

问题:某项目共有五家投标人,经初步评审后,发现只有两家投标人符合招标文件的要求,而招标文件规定应当推荐三名中标候选人。上述两家文件属于合格的有效投标文件,对于符合招标文件要求的投标文件,是否也可以否决其投标?有什么法律规定吗?

答案:在符合法定前提下可以否决。

《招标投标法实施条例》第四十九条规定："评标委员会成员应当依照招标投标法和本条例的规定，按照招标文件规定的评标标准和方法，客观、公正地对投标文件提出评审意见。招标文件没有规定的评标标准和方法不得作为评标的依据。"依据这一规定，评标委员会应当依据相关法律和招标文件的规定进行评审，通常不得否决符合规定的投标文件。

但是，在个别特殊情形下，对于符合招标文件要求的投标文件，评标委员会也可以依法否决其投标。《评标委员会和评标方法暂行规定》（国家发展改革委等七部门令第 12 号）第二十七条规定："评标委员会根据本规定第二十条、第二十一条、第二十二条、第二十三条、第二十五条的规定否决不合格投标后，因有效投标不足三个使得投标明显缺乏竞争的，评标委员会可以否决全部投标。"这一规定赋予了在特殊情形下评标委员会可以否决有效投标文件的权利。当然，这一权利应当谨慎使用，即评标委员会只有在"有效投标不足三个"且"投标明显缺乏竞争"两个前提都满足的情况下，才有权否决全部投标文件。评审时，如有效投标虽不足三个，但该项目仍具备竞争性，评标委员会应当继续评审并推荐出合格的中标候选人。

本项目招标文件规定应当推荐三名中标候选人，而符合条件的有效投标人不足三家，不满足招标文件的规定。根据这一实情，可以依据《评标委员会和评标方法暂行规定》第二十七条的规定否决所有投标。所有投标被否决后，招标人应当在分析招标失败的原因并采取相应措施后，依法重新招标。

93. 流标项目投标文件要拆封唱标吗？

问题：某工程货物招标项目，因投标单位不足三家，招标失败。《招标投标法》第三十六条第二款规定："……招标人在招标文件要求提交投标文件的截止时间前收到的所有投标文件，开标时都应当当众予以拆封、宣读。开标过程应当记录，并存档备查。”按照这个规定，在投标截止时间收到的标书，招标人是不是都要拆封唱标呢？如果要唱标，是否表示把投标人的报价信息泄漏了？流标后招标人没有抽取评委，那么，唱标后是否要把这两份投标文件退还给投标人？

答案：《招标投标法》的这一规定，是针对正常项目开标活动的要求。对于投标人不足三家的招标项目，应适用《招投标法实施条例》第四十四条第二款的规定：“投标人少于三个的，不得开标；招标人应当重新招标。”此处的“不得开标”，是指招标人不得启封、唱标。该法条的言外之意，是指招标人在出现上述情况时，应将收到的投标文件原封不动退还，并启动重新招标程序。

94. 只有3家投标人的项目开标过程中有一家投标人撤销投标，是否可以继续开标？

问题：某项目开标时有3家投标人，开标过程中有一家投标人撤销投标后，是否可以继续开标？如果进入评标环节，又有一家投标人被否决，是否应当否决所有投标，重新招标？

答案：《招标投标法实施条例》第四十四条规定，投标人少于3个的，不得开标；招标人应当重新招标。本项目开标时即为投标截至时，投标人数量不少于3个，因此，仍然可以继续开标。投标截止时间之后，投标人不能撤销投标文件。

《评标委员会和评标方法暂行规定》（国家发展改革委等七部门令第12号）第二十七条规定了评标委员会“可以否决全部投标”，这里的“可以否决”是指评标委员会应当根据竞争情况作出相应判断，这是将否决全部投标的裁量权赋予了评标委员会，并未规定“必须否决全部投标”。出现有效投标不足 3 个时，评标委员会应依据招标实际情况和经过评审后投标是否仍具备竞争性而决定是否继续评标或否决所有投标。

95. 电子开评标项目，成功解密的招标文件不足 3 家，可以开标吗?

问题：电子开评标项目有 3 家以上投标人上传了投标文件，但成功解密的投标文件不足 3 家，此时可以开标吗?

答案：《电子招标投标办法》（国家发展改革委等八部门令第 20 号）第三十一条规定，因投标人原因造成投标文件未解密的，视为撤销其投标文件。解密的投标人不足 3 家的不得开标。

96. 投标人不参加开标会议如何确认开标结果?

问题：投标人代表是否必须到现场递交投标文件并参加开标会议？如果投标人不参加开标会议，如何对开标结果进行确认?

答案：《招标投标法》第三十五条规定：“开标由招标人主持，邀请所有投标人参加。”邀请所有投标人参加开标会议是招标人的义务，而投标人有放弃参加开标会议的权利。如投标人因故未参加开标会议，应视同其放弃到场监督开标活动的权利，并视同其默认开标结果。

需要注意的是，结合《招标投标法实施条例》第四十四条与第六十条规定，投标人对开标有异议的，应当在开标现场提出，招标人应当当场作出答复。投标人如对开标活动提起投诉的，应当先向招标人提出异议，异议是该投诉事项的前置条件。因此，投标人应尽可能委派代表出席开标会议，以便在对开标有不同意见时能当场提出异议，异议不成，投标人可依法向行政监督部门提起投诉。

97. 招标人可以不派代表参与评标吗?

问题：某政府投资的工程施工招标项目，总投资为853.21万元。招标人出于各方面因素考虑，不打算在评标委员会中派招标人代表，评标委员会均由随机抽取的专家组成。当地行政监督部门认为，依据《招标投标法》第三十七条“依法必须进行招标的项目，其评标委员会由招标人的代表和有关技术、经济等方面的专家组成”的规定，招标人必须派代表参与评标。

请问招标人是否有权不指派人员参加评标委员会？另外，现在有部分公共资源交易中心明确规定招标人不准派员参加评标，是否和法律相冲突？

答案：招标人代表参与评标委员会是一种法定权利，而不是一种法定义务。权利可以放弃，义务必须履行。从这个角度分析，招标人可以放弃参加评标委员会的权利，不指派代表参与评标工作。

此外，法定权利不得被非法剥夺，有些地方性规定禁止招标人代表参与评标的做法，涉嫌违背法律的相关规定。

98. 业主可以委托代理机构的工作人员作为招标人代表参与评标吗?

问题：某工程项目招标，评标时需要委派一名招标人代表。由于招标人单位性质所限，没有工程方面的专业人才，是否可以委托代理机构的专业人员作为招标人代表参加本项目的评审？

答案：《评标委员会和评标方法暂行规定》（国家发展改革委等七部门令第12号）第九条规定：“评标委员会由招标人或其委托的招标代理机构熟

悉相关业务的代表，以及有关技术、经济等方面的专家组成，成员人数为五人以上单数，其中技术、经济等方面的专家不得少于成员总数的三分之二。”依据这一规定，工程建设项目招标，招标人可以委托招标代理机构熟悉相关业务的专业人员，作为招标人代表参与项目评审活动。

需要注意的是：《政府采购货物和服务招标投标管理办法》（财政部令第 87 号）第四十七条第二款规定，采购代理机构工作人员不得参加由本机构代理的政府采购项目的评标。因此，如果是政府采购项目，采购人不得委托代理机构的工作人员作为采购人代表参加评标。

99. 同一项目法人下的同类项目是否可以使用同一批专家评审?

问题：同一个项目法人下的三个同类防洪项目，委托了三家不同的招标代理机构，这三个项目在同一天开标，评标时采用了随机抽取的同一批专家进行评审。

请问这种行为违不违法，有没有相关法律禁止这么做?

答案：相关法律没有禁止该行为。

相关法律要求招标人应当依法组建评标委员会对投标文件进行评审。对于同时开标的同一批项目，出于节约时间成本等方面的考虑，使用同一批专家评审并无不妥。需要注意的是：招标人采用上述方式时，应当遵守相关法律关于评标专家组成结构、评标专家名单泄露、评审过程保密等方面的要求。

100. 业主代表进入评标委员会有什么要求?

问题：业主方可以参加评标委员会吗？如果可以，业主代表作为评标委员会成员时，需要具备什么条件？是不是要有高级职称或是综合评标专家库中的专家，还是只要其来自业主单位就可以？

答案：《招标投标法》第三十七条第二款规定："依法必须进行招标的项目，其评标委员会由招标人的代表和有关技术、经济等方面的专家组成，成员人数为五人以上单数，其中技术、经济等方面的专家不得少于成员总数的三分之二。"该规定明确了业主方具有委派代表进入评标委员会的权利。

目前，《招标投标法》及其实施条例、《评标委员会和评标方法暂行规定》（国家发展改革委等七部门令第12号）等相关法律没有对评标委员会中招标人代表的资格条件做出限制性规定。因此，除依法应当回避的情形之外，项目业主方指派的招标人代表的身份资格不应受到限制。

101. 评审结束后发现专家应当回避而未回避的应如何处理？

问题：某工程招标项目评标结束后，发现其中一名专家评委应当回避而未回避。《招标投标法实施条例》第四十八条第三款规定："评标过程中，评标委员会成员有回避事由、擅离职守或者因健康等原因不能继续评标的，应当及时更换。被更换的评标委员会成员作出的评审结论无效，由更换后的评标委员会成员重新进行评审。"但是，该法条针对的是评标过程中发现有回避事由的情形，对于评标结束后发现上述情形如何处理没有明确。请问在评标结束后，发现有回避情形须重新组织评标时，是只抽一个评委替代应回避的评标专家呢，还是其他评委的评审结果也须全部作废，重新组建评标委员会进行评审？

答案：《招标投标法实施条例》在具体条文中没有涉及评审结束后发现评标专家有回避情形应当如何处理这一问题。结合《招标投标法实施条例》第四十八条、第七十条和第七十一条的规定，以及《招标投标法实施条例释义》中对上述法条的解读，可以补抽一个专家替代应当回避的那位专家，无须重新组建评标委员会进行评审。

102. 单项货物报价奇高，招标人应如何处理？

问题：评标结束，中标人的投标总价没有超过招标人设定的最高投标限价，但单项货物报价远远脱离市场价，价格奇高，招标人应当如何处理？

答案：只要中标人的投标总价未超过招标文件规定的最高投标限价，招标人就应当接受其投标报价为中标价。

此项目中的投标人使用了不平衡报价的策略，在保证投标文件有效的前提下通过适当提高分项报价中一些分项的单价，同时降低另外一些分项的单价来获取收益最大。

对于上述情形，除非招标文件中事先对投标人的不平衡报价采取相应的防范措施，例如，招标文件规定“招标人有权在投标总价不变的前提下，对投标人的不平衡报价进行调整”，否则招标人只能按照《招标投标法实施条例》的规定，接受投标人的投标总价及相应子目的单价，保证合同的价款与中标人的投标文件内容一致。

103. 评标委员会可否要求与投标人进行面对面澄清？

问题：评标委员会可否要求与投标人进行面对面澄清？

答案：评标委员会不得要求与投标人进行面对面澄清。《招标投标法实施条例》第五十二条规定：“投标文件中有含义不明确的内容、明显文字或者计算错误，评标委员会认为需要投标人作出必要澄清、说明的，应当书面通知该投标人。投标人的澄清、说明应当采用书面形式，并不得超出投标文件的范围或者改变投标文件的实质性内容。”《机电产品国际招标投标实施办法（试行）》（商务部令2014年第1号）第六十四条规定：“投标文件中有含义不明确的内容、明显文字或者计算错误，评标委员会认为需要投标人作出必要澄清、说明的，应当书面通知该投标人。投标人的澄清、说明应当采用书面形式在评标委员会规定的时间内提交，并不得超出投标文件的范围或者改变投标文件的实质性内容。”

《招标投标法》第三十七条规定：“评标委员会成员的名单在中标结果确定前应当保密。”第三十八条规定：“招标人应当采取必要的措施，保证评标在严格保密的情况下进行。”如果评标委员会与投标人进行面对面澄清，则可能直接导致评标委员会成员信息泄密，评标的过程和结果可能受到非法干预，从而影响评标的公平公正性。

104. 招标人可否另行组建评标委员会重新评标？

问题：某招标项目第一中标候选人报价较低，但评标委员会评标时未要求其对报价是否低于成本价做出说明。对此，招标人在收到评标报告后要求评标委员会按照招标文件规定的标准和方法审查确认。评标委员会启动审查确认程序，要求第一中标候选人对其报价文件是否低于成本竞价提供澄清证明文件，经评审后仍维持原评标结果。但招标人仍不满意，请问招标人可否另行组建评标委员会重新评标?

答案：招标人不得另行组建评标委员会重新评标。主要理由如下：

一是投标报价低于成本是指投标人的个别成本，而不是社会平均成本，也不是行业平均成本。投标人以低于社会平均成本但不低于其个别成本的价格投标，是应当允许和鼓励的。

二是评标委员会第一次评标时发现投标人的报价明显低于其他投标报

价，使得可能低于其个别成本的，应当启动澄清程序，要求该投标人做出书面说明并提供相关证明材料。但评标委员会未按规定启动澄清程序，所以在招标人要求下，评标委员会按照招标文件规定的标准和方法重新进行了审查确认并维持了原评标结果。上述行为属于评标委员会及时纠正错误以保证评标的客观公正性，但并不意味着重新审查确认就必须推翻原评标结果。

三是评标委员会依法对投标文件进行独立评审，提出评审意见，不受任何单位和个人的干预，只要评标委员会依法依规进行评标，招标人就应当接受评标结果。如果招标人认为评标委员会评标时确实有不符合法律法规的行为，有权向有关行政监督部门投诉评标委员会。

105. 评标委员会在什么情况下可以重新评标或者审查确认？

问题：某依法必须进行招标的项目，招标人按照规定组建了评标委员会对投标文件进行评审。评标结束后，评标委员会在什么情况下可以重新评标或者审查确认？

答案：招标项目只有在符合法定情况下才可以对投标文件进行重新评标或审查确认，一般包括下列三种情形：

一是评标委员会未按照招标文件规定的评标标准和方法，客观、公正地对投标文件提出评审意见的，应该重新评审。例如对投标人资格审查有误、汇总得分时出现计算错误等。

二是评标时违反《招标投标法》和《招标投标法实施条例》的规定，对中标结果造成实质性影响，且不能采取补救措施予以纠正的，招标、投标、中标无效，应当依法重新评标。

三是当中标候选人的经营、财务状况发生较大变化或者存在违法行为时，招标人认为可能影响其履约能力的，应当在发出中标通知书前由原评标委员会按照招标文件规定的标准和方法审查确认。

106. 中标通知书发出后发现评审错误怎么办？

问题：某依法必须招标的工程项目，招标文件规定采用综合评估法。开评标后，评标委员会推荐了排名前三的投标人为中标候选人。现中标通知书已经发出，招标人和招标代理机构发现中标单位已标价工程量清单有误，与招标文件提供的招标工程量清单不一致。

请问第一中标候选人清单有误，招标人可以确定排名第二的中标候选人为中标人吗？如果不能，应该如何处理？

答案：《招标投标法实施条例》第七十一条规定：“评标委员会成员有下列行为之一的，由有关行政监督部门责令改正；情节严重的，禁止其在一定期限内参加依法必须进行招标的项目的评标；情节特别严重的，取消其担任评标委员会成员的资格：……（三）不按照招标文件规定的评标标准和方法评标……（六）对依法应当否决的投标不提出否决意见……”

一般情况下，招标文件中都会有关于投标人清单报价错误应该如何处理的规定。如介绍的情况属实，本项目的评标委员会涉嫌未按招标文件规定的标准和方法进行评审，应当提请行政监督部门责令原评标委员会重新进行评审，并推荐中标候选人，以纠正评审错误。

107. 业主评委被证实在招标评标期间有接受投标人吃请行为应如何处理？

问题：某施工招标项目评标结果已经公示。经供应商举报后调查证实：

业主评委在招标评标活动期间多次接受某投标人的吃请，但该单位并未被推荐为中标候选人。请问该评审结果是否有效？后期对该项目应该如何处理，是否需要重新评审或重新招标？

答案：该业主评委的评审结论无效。

《招标投标法实施条例》第四十九条第二款规定，评标委员会成员不得私下接触投标人，不得收受投标人给予的财物或者其他好处，不得向招标人征询确定中标人的意向，不得接受任何单位或者个人明示或者暗示提出的倾向或者排斥特定投标人的要求，不得有其他不客观、不公正履行职务的行为。该业主评委在招投标活动期间多次接受投标单位的吃请，违背了上述规定，应当主动回避。

《招标投标法实施条例》第七十一条规定，评标委员会成员应当回避而不回避的，由有关行政监督部门责令改正。由于本项目已评审结束，建议参照《招标投标法实施条例》第四十八条“评标过程中，评标委员会成员有回避事由、擅离职守或者因健康等原因不能继续评标的，应当及时更换。被更换的评标委员会成员做出的评审结论无效，由更换后的评标委员会成员重新进行评审”的规定，更换该业主评委，由更换后的其他业主代表对本项目进行重新评审并打分汇总后重新推荐中标候选人，其余依法抽取的评审专家的评审结论依然有效。

108. 投标函报价大小写填写位置错误怎么办?

问题：开标现场，某投标人在投标函应当填写大写报价的地方，填写了小写数字，而在应当填写小写的地方填写了大写金额，投标函中大小写报价金额一致。进入评审阶段后，评审专家发现，投标函中的报价与清单汇总价格相同。请问：是直接否决投标？还是要求其进行澄清说明？

答案：《招标投标法实施条例》第五十二条规定："招标文件中有含义不明确的内容、明显文字或者计算错误，评标委员会认为需要投标人做出必要澄清、说明的，应当书面通知该投标人。"

从本例背景来看，该情形属于明显的文字书写错误，且只是报价大小写的书写位置错误。该情形下，评标委员会可以直接判断出当事人的真实意思表示，认定该投标文件有效，不应该否决。

109. 评标委员会评标期间是否有义务核实投标信息真伪?

问题：评标委员会在评标期间是否有义务核实投标信息真伪?

答案：评标委员会在评标期间没有义务核实投标信息真伪，但是有权要求投标人对投标文件中含义不明确的内容做必要的澄清或者说明。

《招标投标法》第四十条第一款规定："评标委员会应当按照招标文件确定的评标标准和方法，对投标文件进行评审和比较。"因此评标委员会只应当对照招标文件的要求和投标文件的响应进行客观评审。评标委员会没有司法鉴定职责和能力，所以没有义务核实投标信息真伪。但是如果招标文件约定评标委员会对投标人的投标文件保留查证的权利，则评标委员会基于对投标信息的合理怀疑可以进一步查证，这属于权利，而不是义务。

此外，根据《招标投标法》第三十九条规定："评标委员会可以要求投标人对投标文件中含义不明确的内容作必要的澄清或者说明，但是澄清或者说明不得超出投标文件的范围或者改变投标文件的实质性内容。"

评标结束后，如果其他投标人依法对中标候选人的投标信息的真实性提出异议，招标人可以组织原评标委员会进行进一步核查；如果投标人进一步提出投诉，行政监督部门在受理投诉后可以另行调查。

110. 评标专家用铅笔打分是否有效?

问题：某招标代理机构代理了一个项目，在整理评标资料时发现，有一位评标专家在评审打分表上是用铅笔书写的。目前评审结果已经汇总，评标报告也已经提交给招标人。请问该评审结果是否有效，该怎么处理?

答案：目前并没有法律政策文件明文规定评标专家使用铅笔打分无效，所以该评标专家的评审行为是有效的。但是，采用铅笔书写的评审表确实非常容易被涂改。因此，一般情况下，评审表等重要资料不能使用铅笔书写。

由于这个项目评标结果已经汇总，可以先采用拍照等方式，把该名专家的原始打分表留存下来，然后通知该专家按照之前的打分情况，另外出具一张使用墨水笔书写的打分表，替换该铅笔书写的打分表即可。

111. 投标文件分装不符合要求是否可以否决投标?

问题：某工程项目招标文件中要求经济文件、技术文件、商务文件和其他文件装订成一本，资格文件单独装订一本。开评标时发现，某企业投标时，把原本应该属于技术商务的资料装订到了资格文件中，但招标文件的否决投标情形中未包含该项内容。请问这种情况该不该否决其投标?

答案：不否决。

《招标投标法实施条例》第四十九条规定："评标委员会成员应当依照招标投标法和本条例的规定，按照招标文件规定的评标标准和方法，客观、公正地对投标文件提出评审意见。招标文件没有规定的评标标准和方法不得作为评标的依据。"

本项目招标文件中规定的否决投标情形中没有包括该项内容，不应判定其未实质性响应招标文件的要求而否决其投标。

112. 评审时可以改变评审规则吗？

问题：某化工项目计划投资 3 600 万元，采用公开招标方式。招标文件要求投标人提供“信用中国”网站查询页面的截图，以证明其满足投标资格条件。投标截止时，共有三家投标人递交了投标文件。评审时发现，有两家投标人未按照招标文件的规定提供相关查询资料。评标委员会以投标人未响应招标文件的要求为由否决了这两份投标文件。

请问评审专家这样做是不是有点草率？是否可以由评审专家现场登录相关网站查询投标人的信用状况？由于这个项目比较紧急，重新招标时间上不允许。

答案：评标委员会的做法是合理的。

《招标投标法实施条例》第四十九条规定：“评标委员会成员应当依照招标投标法和本条例的规定，按照招标文件规定的评标标准和方法，客观、公正地对投标文件提出评审意见。招标文件没有规定的评标标准和方法不得作为评标的依据。”《评标委员会和评标方法暂行规定》（国家发展改革委等七部门令第 12 号）第十七条同时规定：“评标委员会应当根据招标文件规定的评标标准和方法，对投标文件进行系统的评审和比较。招标文件中没有规定的标准和方法不得作为评标的依据。”相关法律规定，评标委员会应当严格按照招标文件规定的标准和方法进行评审。评审时，投标文件以外的其他资料，不得作为评审的依据。

本项目招标文件明确规定：投标人应提供“信用中国”网站查询页面的截图，以证明其满足投标资格要求。而该投标人未提供相应网站的查询页面截图，属于未响应招标文件的要求，评审专家可以对该投标文件予以否决。问题中提到的在评审现场由评审专家现场登录相关网站进行查询以判断投标人资格是否符合的做法，相当于临时修改评审规则，应不予支持。

113. 报名资料中的人员与投标文件中不一致，该投标文件是否有效？

问题：某施工招标项目在评标过程中发现，投标文件中所报的项目班子中，施工安全员与报名时提供的不是同一人。请问这份投标文件是否有效？

答案：该文件应当被认定为有效。

首先，报名环节是一个非法定程序。在《招标投标法》及其实施条例规定的招标投标程序中，没有投标报名这一环节。此外，《国务院办公厅转发国家发展改革委关于深化公共资源交易平台整合共享的指导意见的通知》（国办函〔2019〕41 号）也明确规定“取消没有法律法规依据的投标报名、招标文件审查、原件核对等事项以及能够采用告知承诺制和事中事后监管解决的前置审批或审核环节”。实践中很多地方设置了投标报名环节，这一做法严格来说是违法的。

其次，即使设置了报名程序，在报名环节就要求投标单位提供项目班子成员名单也是不妥当的。项目班子如何配备，应由投标人在获取招标文件以后根据招标项目的实际情况而定。

综上，以“投标文件中所报施工安全员与报名时所提供的不是同一人”为由否决该投标文件的做法是不妥当的。

114. 评标专家可否通过网络查询或第三方机构发现类似处罚或诉讼记录进行否决投标？

问题： 投标人未提供行政处罚、诉讼记录，评标专家通过网络查询或第三方机构发现类似处罚、诉讼记录，是否可作为评标依据进行否决投标？中标人被投诉存在行政处罚、法律诉讼，是否要核实并重新组织评标？

答案： 一般情况下，评标专家都应依据投标文件中提供的材料对投标进行评审。在特殊情况下，如果需要借助其他信息来源作为对投标的评审依据，应在招标文件中明确。如果招标文件已经规定，评标专家可以通过网络查询的方式查询投标人的行政处罚、诉讼记录，并且明确具体网址和查询时限，这样查询的结果是可以作为评标依据的。否则，就只能按照投标文件提供的证明材料进行评审。如果证实投标人未如实提供行政处罚、诉讼记录，而这些行政处罚、诉讼记录可导致投标被否决，招标人可依据《招标投标法实施条例》第五十六条的规定，由原评标委员会审查确认后否决其投标。

115. 评标委员会是否可以以投标人的报价低于成本价为由否决其投标？

问题： 某施工招标项目采用单价合同计价、工程量清单报价方式。报价清单中个别分项报价明显低于成本价格，评标委员会是否可以以投标人的报价低于成本价为由否决其投标？

答案： 投标人的投标报价低于成本，不仅不具有可持续性，影响项目质量，也会导致不公平竞争。这里的“成本”是指投标人的个别成本，而不是社会平均成本，也不是行业平均成本。投标人以低于社会平均成本但不低于其个别成本的价格投标，是应该允许和鼓励的，有利于促使投标人挖掘内部潜力，改善经营管理，提高管理水平。

评标过程中，如果评标委员会发现投标人的报价可能低于其个别成本的，根据《评标委员会和评标方法暂行规定》（国家发展改革委等七部门令第12号）第二十一条规定，应当启动澄清程序，要求该投标人作出书面说明并提供相关证明材料。投标人不能合理说明或者不能提供相关证明材料的，评标委员会应当认定该投标人以低于成本报价竞标，否决其投标。

116. 两家投标人投标报价相同是否可以认定为串标?

问题：某招标项目在评审时，发现有两家投标人报的总价相同，请问可以认定这两家公司串通投标吗？

答案：应当慎重。

《招标投标法实施条例》第四十条规定："有下列情形之一的，视为投标人相互串通投标：（一）不同投标人的投标文件由同一单位或者个人编制；（二）不同投标人委托同一单位或者个人办理投标事宜；（三）不同投标人的投标文件载明的项目管理成员为同一人；（四）不同投标人的投标文件异常一致或者投标报价呈规律性差异；（五）不同投标人的投标文件相互混装；（六）不同投标人的投标保证金从同一单位或者个人的账户转出。"

依据该法条的规定，不同投标人的投标文件"异常一致"或者"投标报价呈规律性差异"可视为串通投标。本项目出现的情况是两家投标人的"投标总价相同"。仅以"投标总价相同"认定这两家投标人串通投标依据不足。

可以在评审时对这两份投标文件的分项报价、技术文件和商务文件进行详细比对，如两份投标文件中出现分项报价相同、技术或商务方案异常一致或相同的文字书写错误等情形，可依照《招标投标法实施条例》第四十条的规定视为串通投标。

117. 发现两家投标单位用同一台电脑制作或上传投标文件，可以认定为串标吗?

问题：发现两家投标单位用同一台电脑制作或上传投标文件，可以认定为串标吗?

答案：《招标投标法实施条例》第四十条规定，不同投标人的投标文件由同一单位或个人编制的可视为投标人串通投标。电脑是编制投标文件的工具，且一般为单位电脑或供专人使用。在此情况下，不同单位的投标文件在同一台电脑上编制或上传，有极大可能为同一人制作的投标文件，可以按照《招标投标法实施条例》第四十条规定视为串通投标。

118. 中标候选人的投标报价相近且均只稍低于最高限价，招标人该如何处理?

问题：招标人对评标结果不满意，因为三名中标候选人的投标报价很相近且均只比最高限价稍低，但评标委员会并未对这几名投标人判定为串标，请问此情况该如何处理?

答案：三名中标候选人的投标报价很相近且均只比最高限价稍低，并不能证明投标人进行了串标。这种情况下，如果招标人没有充分的证据证明投标人进行串标，即使招标人对结果不满意，也应从这三名中标候选人中选择一家作为中标人。如果招标项目属于国有资金占控股或主导地位的项目，还必须确定排名第一的中标候选人为中标人。

119. 不同投标人递交了同一份资格审查文件，该如何处理？

问题：不同投标人（A和B）递交了同一份资格审查文件（都是A公司的资料），如何处理？是否决放错了资格审查文件的那家（B投标人）的投标，还是也要否决放对了的投标人（A投标人）的投标？

答案：应当首先否决B的投标；如果有进一步的证据证明B与A串通投标，则应当一并否决A的投标。

B的投标文件提交了A的资格文件，无论是何原因，肯定不能满足招标文件对投标人资格审查的实质性要求，根据《招标投标法实施条例》第五十一条的规定："有下列情形之一的，评标委员会应当否决其投标……（六）投标文件没有对招标文件的实质性要求和条件作出响应……"符合应当否决投标的法定条件，因此应当否决B的投标。

至于如何处理A的投标，取决于是否有证据证明B与A存在串通投标行为。如是，应当以串通投标为由，同时否决A和B的投标；否则，应当对A的投标进行正常评审。

虽然B投标人提交了A公司的资格文件，但A投标人并不存在混装其他投标人资格文件的事实。因此，无法根据《招标投标法实施条例》第四十条列举的串通投标情形直接认定A和B存在串通投标行为。但是如果有进一步的证据证明B与A存在《招标投标法实施条例》第三十九条、第四十条列举的串通投标行为，例如B与A委托同一人办理投标事宜等情形，则应当根据《招标投标法实施条例》第五十一条"有下列情形之一的，评标委员会应当否决其投标……（七）投标人有串通投标、弄虚作假、行贿等违法行为……"同时否决B与A的投标。如果没有充分证据证明A与B存在串通投标行为，则应当正常评审A的投标。

120. 工程项目评标结果公示期该如何计算?

问题:《招标投标法实施条例》第五十四条规定:“依法必须进行招标的项目,招标人应当自收到评标报告之日起3日内公示中标候选人,公示期不得少于3日。”这里的公示期不得少于3日怎么理解?例如,5日开始公示,7日可不可以发中标通知书,还是要等到8日?

答案:7日不能发中标通知书。

按照《民法通则》(2020年1月1日《民法典》施行,《民法通则》废止)第一百五十四条规定:“民法所称的期间按照公历年、月、日、小时计算。规定按照小时计算期间的,从规定时开始计算。规定按照日、月、年计算期间的,开始的当天不算入,从下一天开始计算。期间的最后一天是星期日或者其他法定休假日的,以休假日的次日为期间的最后一天。期间的最后一天的截止时间为二十四点。有业务时间的,到停止业务活动的时间截止。”依据这一规定,招标人对评标结果进行公示时,其公示期间应当从开始公示的下一日开始计算。如某项目从3月5日开始公示,公示期间应当从3月6日开始计算,3月8日后才公示期满。按此计算,招标人应在3月9日公示期满后,方可发出中标通知书。

121. 如何认定建造师是否有在建项目?

问题:评标结果公示期间,有投标单位向建设单位提出异议,称中标候选人所报的建造师有在建项目。经调查核实,建设单位已经书面同意变更该建造师,但未到主管部门备案,网站信息未变更。

请问是否可以认定该建造师已无在建项目?

答案：《注册建造师执业管理办法》（建市〔2008〕48 号）第十条规定："注册建造师担任施工项目负责人期间原则上不得更换。如发生下列情形之一的，应当办理书面交接手续后更换施工项目负责人：（一）发包方与注册建造师受聘企业已解除承包合同的；（二）发包方同意更换项目负责人的；（三）因不可抗力等特殊情况必须更换项目负责人的。建设工程合同履行期间变更项目负责人的，企业应当于项目负责人变更 5 个工作日内报建设行政主管部门和有关部门及时进行网上变更。"

本项目建设单位已经书面同意变更建造师，但所在企业未及时到主管部门备案并变更相关信息，导致对该建造师是否有在建项目产生争议。安徽省住建厅曾就该事项专门发函咨询住建部。2017 年 8 月 25 日，住建部建筑市场监管司专门下发《关于〈注册建造师执业管理办法〉有关条款解释的复函 》（建市施函〔2017〕43 号），对该事项如何适用相关规定作出解释。

该复函认为："根据《注册建造师执业管理办法》（建市〔2008〕48 号）第十条规定，建设工程合同履行期间变更项目负责人的，经发包方同意，应当予以认可。企业未在 5 个工作日内报建设行政主管部门和有关部门及时进行网上变更的，应由项目所在地县级以上住房城乡建设主管部门按照有关规定予以纠正。"

依据上述复函意见，应当认定该建造师无在建项目，并责令所在企业立即纠正错误，及时补办建造师变更手续。

122. 第一中标候选人有在建项目是否可以按序定标？

问题：某施工招标项目评标结束后，评标委员会推荐了三名中标候选人。评标结果公示期间收到异议。异议函称第一中标候选人的项目负责人有在建项目。经调查，该情况属实。本项目招标文件中没有明确招标人可以直接确定第二中标候选人为中标人。

请问这种情况该如何解决？招标人可以确定排名第二的中标候选人为中标人吗？还是只能重新招标？

答案：《招标投标法实施条例》第五十五规定："……排名第一的中标候选人放弃中标、因不可抗力不能履行合同、不按照招标文件要求提交履约保证金，或者被查实存在影响中标结果的违法行为等情形，不符合中标条件的，招标人可以按照评标委员会提出的中标候选人名单排序依次确定其他中标候选人为中标人，也可以重新招标。"

本项目招标人可依据《招标投标法实施条例》的相关规定，选择排名第二的中标候选人为中标人，也可以依法重新招标。

需要注意的是：如本项目招标文件明确规定了"当第一中标候选人不符合中标条件时，本项目应重新组织招标"，则招标人应当遵守其在招标文件中的规定，重新组织招标。

123. 第一中标候选人查实有违法行为需要重新评审吗？

问题：评标结果公示后收到排名第二的中标候选人异议，称第一中标候选人业绩弄虚作假。经查实，第一中标候选人提供了虚假业绩证明。请问招标人有权直接否决评标委员会的评标结果吗？还是需要请原评标委员会重新进行评审？

答案：本例第一中标候选人被查实提供了虚假业绩证明材料，属于法律法规规定的弄虚作假骗取中标行为，不符合中标条件。

《招标投标法实施条例》第五十五条规定："……排名第一的中标候选人……被查实存在影响中标结果的违法行为等情形，不符合中标条件的，招标人可以按照评标委员会提出的中标候选人名单排序依次确定其他中标候选人为中标人，也可以重新招标。”依据这一规定，招标人可以直接依序定标，也可以选择重新招标。

需要引起注意的是，第五十五条虽然赋予了招标人依序定标或重新招标的选择权，但在其他中标候选人符合中标条件，能够满足采购需求的情况下，招标人应尽量依序确定中标人，以节省采购成本，提高采购效率。

124. 施工项目采用经评审的最低投标价法评标，是否可以自由选择中标人?

问题：某施工项目评标方法中规定：技术标采用合格制，只要评审合格即可进入商务标评审。商务标评审以商务报价从低到高进行排序，排名前三的投标人为中标候选人。评审结束后，招标人发现第二中标候选人除了报价，其他方面都优于第一中标候选人。请问招标人是否可以选择第二中标候选人为中标人？此项目不是政府投资项目，是否可以在三名中标候选人中自由选择中标人？

答案：从介绍的情况来看，这个项目采用的评标办法是经评审的最低投标价法。《招标投标法》第四十一条规定：“中标人的投标应当符合下列条件之一……（二）能够满足招标文件的实质性要求，并且经评审的投标价格最低；但是投标价格低于成本的除外。”

对于本项目而言，评标委员会的评审结论正确，招标人应当按照招标文件和相关法律的规定，确定排名第一中标候选人为中标人。

125. 母、子公司是否可以先后参加同一项目投标?

问题：某项目第一次招标时，投标人甲公司因业绩造假而被评标委员会否决投标，后该项目因有效投标不足三家导致招标失败。二次招标时，甲公司未参加投标，经评标委员会评审，甲公司的下属子公司乙公司被推荐为第一中标候选人。

评标结果公示期间，收到第二中标候选人丙公司提出的异议。异议函称：乙公司是本项目第一次招标时的投标人甲公司的控股子公司，甲乙两家公司参加同一个项目投标违反法律规定。异议人丙公司要求取消乙公司的中标资格。

乙公司参加本项目投标是否合法？是否可以确定乙公司为中标人？

答案：乙公司参加本项目投标不违反法律的禁止性规定，可以依法确定乙公司为中标人。

《招标投标法实施条例》第三十四条第二款规定："单位负责人为同一人或者存在控股、管理关系的不同单位，不得参加同一标段投标或者未划分标段的同一招标项目投标。"

本项目先后举行了两次招标，母公司参加的是首次招标，其下属控股子公司参加的是第二次招标。母、子公司未同时参加该项目同一轮次的投标竞争，不会对其他投标人参与本项目竞争产生不公平、不公正现象，不违反《招标投标法实施条例》的禁止性规定。

126. 国有资金占控股的施工项目，招标人是否可以确定排名第二的中标候选人中标？

问题：某国有资金占控股的施工项目，评标委员会推荐了三名中标候选人，其中第二中标候选人的投标报价最低。

问题一，招标人是否可以确定排名第二的中标候选人中标？为什么？

问题二，如果评标委员会推荐的三名中标候选人均未与招标人签订施工合同，招标人是否可以在评标委员会推荐的中标候选人之外确定中标人？为什么？

答案：问题一，不能。因为根据《招标投标法实施条例》规定，国有资金占控股或者主导地位的依法必须进行招标的项目，招标人应当确定排名第一的中标候选人为中标人。

问题二，不能。因为招标人应当接受评标委员会推荐的中标候选人，不得在评标委员会推荐的中标候选人之外确定中标人。

127. 某国企招标项目，第一中标候选人的投标价格高于招标人的项目预算，招标人是否可以选择第二中标候选人为中标人？

问题：某招标人对招标项目设有项目预算，但未在招标文件中设置最高投标限价，评标委员会推荐的第一中标候选人的投标价格高于招标人的项目预算，第二中标候选人的投标价格低于招标人的项目预算。在此情况下，招标人是否可以选择第二中标候选人为中标人？若评标委员会推荐的三名中标候选人投标价格均高于招标人的项目预算，应如何处理？

答案：即使评标委员会推荐的第一中标候选人的投标报价高于招标人的项目预算，招标人也不得确定第二中标候选人为中标人。因为《招标投标法》第四十条规定，招标人根据评标委员会提出的书面评标报告和推荐的中标候选人确定中标人。而且《招标投标法实施条例》第五十五条规定，国有资金占控股或者主导地位的依法必须进行招标的项目，招标人应当确定排名第一的中标候选人为中标人。招标人的项目预算价不是最高投标限价，招标人不得以第一中标候选人的价格高于项目预算价而否决其投标或不确定其为中标人。因此，该项目必须按照规定确定排名第一的中标候选人为中标人。

如果招标人有预算控制，可以在招标文件中确定一个最高投标限价，以确保投标人的报价不会超过采购预算。如果没有设置最高投标限价，而单方面以报价超过预算为理由否决中标候选人，违反了公开、公平、公正原则。

128. 是否应当公布所有投标人的分项得分？

问题：某工程项目采用综合评估法招标。中标候选人公示后，收到一家投标人的异议，要求公布各投标人的总得分和各分项得分，异议函中还附有《招标公告和公示信息发布管理办法》（国家发展改革委令第10号）中要求公示评标情况的规定。

请问中标候选人公示时，必须公布所有投标人的分项得分吗？

答案：该投标人的要求法律依据不足。

《招标公告和公示信息发布管理办法》第六条规定："依法必须招标项目的中标候选人公示应当载明以下内容：（一）中标候选人排序、名称、投标报价、质量、工期（交货期），以及评标情况；（二）中标候选人按照招标文件要求承诺的项目负责人姓名及其相关证书名称和编号；（三）中标候选人响应招标文件要求的资格能力条件；（四）提出异议的渠道和方式；（五）招标文件规定公示的其他内容。"

在该法条第一项中，要求中标候选人公示内容包含评标情况。一些投标人据此认为，该"评标情况"是指评标委员会对所有投标文件的评审和比较情况。这一看法值得商榷。理由如下：

《招标投标法》第四十四条第三款规定："评标委员会成员和参与评标的有关工作人员不得透露对投标文件的评审和比较、中标候选人的推荐情况以及与评标有关的其他情况。”该法第五十六条同时规定：“……评标委员会成员或者参加评标的有关工作人员向他人透露对投标文件的评审和比较、中标候选人的推荐以及与评标有关的其他情况的，给予警告，没收收受的财物，可以并处三千元以上五万元以下的罚款，对有所列违法行为的评标委员会成员取消担任评标委员会成员的资格，不得再参加任何依法必须进行招标的项目的评标；构成犯罪的，依法追究刑事责任。”相关法条明文规定，评审专家和有关工作人员均不得透露“对投标文件的评审和比较、中标候选人的推荐以及与评标有关的其他情况”。

结合《招标投标法》和部门规章中的相关规定，《招标公告和公示信息发布管理办法》第六条中要求公示“评标情况”的规定，应理解为公示“评标工作的组织情况”，而不应理解为公示“对投标文件的评审和比较、中标候选人的推荐”等相关情况。因此，在中标候选人公示中，不应公布所有投标人的分项得分。

129. 邀请招标项目需要公示中标候选人吗?

问题：依法必须招标的工程项目，经批准采用邀请招标方式发包。现评标已经完成，评标委员会推荐了 3 名中标候选人。请问邀请招标项目需要公示中标候选人吗?

答案：需要公示。

《招标投标法实施条例》第五十四条规定：“依法必须进行招标的项目，招标人应当自收到评标报告之日起 3 日内公示中标候选人，公示期不得少于 3 日。”

因此，是否必须公示中标候选人，其判定依据是该项目是否属于依法必须招标的项目，而不是是否采用了公开招标方式。本项目属于依法必须招标的工程项目，依法应当在指定发布媒介公示中标候选人。

130. 投诉期时间应如何确定?

问题： 某项目的中标候选人公示期为 10 月 28 日至 11 月 3 日，但招标人在 11 月 8 日发现第一中标候选人的投标文件存在弄虚作假的情况，当日向行政监督部门进行了投诉。行政监督部门认为已超过 10 天的投诉期，不予受理。他们认为 10 日期限应从公示期第一天开始计算，请问这种解释符合《招标投标法实施条例》规定吗?

答案： 按照《中华人民共和国民法通则》（以下简称《民法通则》）（2021 年 1 月 1 日《民法典》施行，《民法通则》废止）第一百五十四条规定："民法所称的期间按照公历年、月、日、小时计算。规定按照小时计算期间的，从规定时开始计算。规定按照日、月、年计算期间的，开始的当天不算入，从下一天开始计算。期间的最后一天是星期日或者其他法定休假日的，以休假日的次日为期间的最后一天。期间的最后一天的截止时间为二十四点。有业务时间的，到停止业务活动的时间截止。"

此项目如果是其他投标人投诉，"自知道之日起"的起算日期应当为中标候选人公示的第一天，11 月 8 日确实超过了 10 天的投诉期，且对评标结果的投诉应当首先向招标人提出异议，因此应当不予受理。

对于投标人的弄虚作假行为，除了异议、投诉等方式外，还有其他处理方式。根据《招标投标法实施条例》第五十五条规定："排名第一的中标候选人放弃中标、因不可抗力不能履行合同、不按照招标文件要求提交履约保证金，或者被查实存在影响中标结果的违法行为等情形，不符合中标条件的，招标人可以按照评标委员会提出的中标候选人名单排序依次确定其他中标候选人为中标人，也可以重新招标。"因此招标人可以不通过投诉程序，而通过执行《招标投标法实施条例》上述规定，查实第一中标候选人存在影响中标结果的违法行为后，依次确定其他中标候选人为中标人或者重新招标。

131. 第二中标候选人放弃中标资格还需要告知其中标结果吗?

问题：某个项目在评标结果公示期间，第二中标候选人来函表示放弃中标资格。依据《招标投标法》第四十五条“中标人确定后，招标人应当向中标人发出中标通知书，并同时将中标结果通知所有未中标的投标人”的规定，中标结果应当告知所有未中标的投标人。请问：根据上述情况，可以视为该投标人撤销投标，而不用向其告知中标结果吗?

答案：该投标人已书面告知其放弃中标资格。该投标人的上述行为，无论将其属性认定为放弃中标还是撤销投标，均表明其对本项目是否中标不再关注。因此，不必告知其中标结果。

132. 第一中标候选人放弃中标后该如何处理?

问题：某国有资金控股的强制招标项目，采用综合评估法评标。评审结束后，评标委员会推荐了三名中标候选人。现在第一中标候选人放弃中标，第二中标候选人比第一中标候选人报价低了 30 多万元，但招标人对第二中标候选人的情况不是很了解，想选择重新招标。请问招标人可以选择重新招标吗?

答案：招标人可以选择重新招标，也可以选择第二中标候选人为中标人。

《招标投标法实施条例》第五十五条规定：“……排名第一的中标候选

人放弃中标、因不可抗力不能履行合同、不按照招标文件要求提交履约保证金，或者被查实存在影响中标结果的违法行为等情形，不符合中标条件的，招标人可以按照评标委员会提出的中标候选人名单排序依次确定其他中标候选人为中标人，也可以重新招标。”

依据该法条规定，招标人在第一中标候选人放弃中标的情况下，确实有权选择第二名中标，也有权选择重新招标。但是，招标人应当合理使用该项选择权。《招标投标法实施条例释义》对《招投标法实施条例》第五十五条的相关规定做了如下解读：“本条虽然赋予了招标人选择权，但招标人要理性行使这一权利。在其他中标候选人符合中标条件，能够满足采购需求的情况下，招标人应尽量依次确定中标人，以节约时间和成本，提高效率。当然，在其他中标候选人与采购预期差距较大，或者依次选择中标人对招标人明显不利时，招标人可以选择重新招标。”

在本项目中，排名第二的中标候选人报价比第一名还低，且经评标委员会评审，该投标人的综合得分高出其他投标人，招标人选择第二中标候选人为中标人较为妥当。

133. 中标人不能履行承诺，后续流程应该如何处理？

问题：招标文件里有一条款：投标人须具备××条件（此条件是在当地具有办公地点或办事处、实施该项目须具备××部门的批复等），或出具承诺中标后×天内具备××条件的承诺函，否则招标人有权取消其中标资格。请问这一条款设置是否有问题？条款描述是否需要修改？假如第一候选人在被确定中标后，不能履行承诺，后续流程应如何操作较为妥当？

答案：招标文件应当明确招标人对投标人的实质性要求和条件。上述招标人设置的“投标人须具备××条件，否则招标人有权取消其中标资格”

属于招标文件对投标人的实质性要求，投标人必须响应。招标文件可以将“投标人须具备××条件，否则招标人有权取消其中标资格”的相关要求以承诺函的形式提出，要求投标人在投标文件中进行承诺。这样在第一中标候选人被确定为中标人后，如其不能履行承诺，中标资格应被取消。

134. 中标候选人公示期间发现第一中标候选人提供了虚假材料，应如何处理?

问题：某公司作为招标人组织某依法必须进行招标的工程项目招标，在中标候选人公示期间，第二中标候选人以第一中标候选人提供虚假社保资料为由，向该公司提出异议后向有关行政监督部门进行了投诉。经过行政监督部门查实，第一中标候选人确实在投标文件中提供了虚假的社保资料。行政监督部门将调查的结果发函给该公司，告知该公司第一中标候选人提供虚假资料的情况属实，要求该公司直接按照招标文件相关规定进行处理。

问题一：该公司应当如何按照有关规定处理此事?

问题二：行政监督部门认为本项目未向第一中标候选人发出中标通知书，因此第一中标候选人就不存在骗取中标，不属于骗取中标行为就不应该由他们处理，请问监督部门这样解释正确吗?

答案：问题一：根据《招标投标法实施条例》以及《工程建设项目招标投标活动投诉处理办法》规定，负责受理投诉的行政监督部门应当自受理投诉之日起三十个工作日内，对投诉事项做出处理决定，并以书面形式通知投诉人、被投诉人和其他与投诉处理结果有关的当事人，其中投诉处理决定包括行政监督部门的处理意见及依据。因此针对本项目的处理，应当首先由行政监督部门做出投诉处理决定，然后招标人根据此投诉处理决定取消第一中标候选人中标资格。

问题二：《招标投标法实施条例》第六十八条规定的投标人以他人名义投标或者以其他方式弄虚作假骗取中标的法律责任，并不只针对中标人进行约定，也包括依法必须进行招标项目未中标的投标人，因此行政监督部门的解释不正确。

135. 政府采购工程两次招标失败应如何处理？是否可以不再进行招标？

问题：财政资金投资，以政府机关或事业单位作为招标人的必须招标工程项目两次公开招标失败，应该按以下哪种方式处理？

答案：政府采购工程重新招标后投标人仍少于三个的，报经原审批部门审批后可以不再进行招标。但是应该按照《中华人民共和国政府采购法实施条例》（以下简称《政府采购法实施条例》）第二十五条的规定，采用竞争性谈判或单一来源方式采购。按照《政府采购竞争性磋商采购方式管理暂行办法》规定，不招标的工程也可以采用竞争性磋商方式采购。

136. 工程货物招标项目招标人在定标阶段是否可以终止招标？

问题：依法必招的国内公开货物招标项目，如果在公示期结束之后，发出中标通知书之前，招标人因自身采购计划变更或单纯的不认可评标结果，招标人是否可以不定标、不发出中标通知书？

答案：招标人没有正当理由不定标、不发出中标通知书属于擅自终止招标，此种做法不妥。《工程建设项目货物招标投标办法》（国家发展改革委等七部门令第27号）第十四条第四款规定："除不可抗力原因外，招标文件或者资格预审文件发出后，不予退还；招标人在发布招标公告、发出投标邀请书后或者发出招标文件或资格预审文件后不得终止招标。招标人终止招标的，应当及时发布公告，或者以书面形式通知被邀请的或者已经获取资格预审文件、招标文件的潜在投标人。已经发售资格预审文件、招标文件或者已经收取投标保证金的，招标人应当及时退还所收取的资格预审文件、招标文件的费用，以及所收取的投标保证金及银行同期存款利息。"

招标人自身采购计划变更不属于不可抗力，此类因招标人自身原因终止招标的操作违反了上述规定，应当承担相应的法律责任。

《工程建设项目货物招标投标办法》第五十八条规定："依法必须进行招标的项目的招标人有下列情形之一的，由有关行政监督部门责令改正，可以处中标项目金额千分之十以下的罚款；给他人造成损失的，依法承担赔偿责任；对单位直接负责的主管人员和其他直接责任人员依法给予处分：(一）无正当理由不发出中标通知书……"

依据上述规定，招标人有可能承担被责令改正、罚款、赔偿损失以及相关责任人被行政处分等法律责任。

三、合同签订、合同履行

137. 签订合同时可以变更工期吗？

问题：某工程设计招标项目，项目完成招标后，招标人出于赶工期的需要，希望能压缩原定设计工期。请问在签订中标合同时，可以变更本工程的设计工期吗?

答案：不可以。

《招标投标法实施条例》第五十七条规定："招标人和中标人应当依照招标投标法和本条例的规定签订书面合同，合同的标的、价款、质量、履行期限等主要条款应当与招标文件和中标人的投标文件的内容一致。"针对设计项目而言，设计工期系设计单位的合同履行期限，属于合同的实质性内容，依据相关规定，签订中标合同时不得变更。

138. 签订中标合同时，是否可以改变项目内容？

问题：某工程施工项目中标后有部分子项目不打算实施，能否在签订合同时减少该部分子项目的工程量?

答案：不可以。

《招标投标法实施条例》第五十七条规定："招标人和中标人应当依照招标投标法和本条例的规定签订书面合同，合同的标的、价款、质量、履行期限等主要条款应当与招标文件和中标人的投标文件的内容一致。招标人和中标人不得再行订立背离合同实质性内容的其他协议。"

《最高人民法院关于审理建设工程施工合同纠纷案件适用法律问题的解释（二）》（法释〔2018〕20号）第一条也规定："招标人和中标人另行签订的建设工程施工合同约定的工程范围、建设工期、工程质量、工程价款等实质性内容，与中标合同不一致，一方当事人请求按照中标合同确定权利义务的，人民法院应予支持。"

依据上述相关法律规定，本项目招标人应当依据招标文件和中标人的投标文件中的实质性内容，与中标人签订合同，双方不得另行订立背离实质性内容的其他协议。

如该项目确须变更工程施工内容，应发布终止招标公告，并妥善处理好终止招标相关事宜后，重新组织招标活动。

139. 合同签订后发现中标人提供虚假材料应该如何处理？

问题：某工程货物采购项目招标已经完成，招标人与中标人刚刚签订供货合同，还没供货。招标人接到非本项目投标人举报该中标人提供虚假材料中标。经查证，该举报事项属实。请问招标人该如何处理？

答案：该投标人的行为属于弄虚作假骗取中标。《招标投标法》第五十四条规定："投标人以他人名义投标或者以其他方式弄虚作假，骗取中标的，中标无效，……"本项目该投标人通过弄虚作假方式骗取中标，属中标无效。以该中标结果为依据签订的中标合同当然无效。

《招标投标法实施条例》第八十一条规定："依法必须进行招标的项目的招标投标活动违反招标投标法和本条例的规定，对中标结果造成实质性影响，且不能采取补救措施予以纠正的，招标、投标、中标无效，应当依法重新招标或者评标。"招标人可依据上述规定或原招标文件的相关规定，根据项目特点选择重新招标或重新评标。

140. 中标人营业执照中的公司住所与经营场所不一致，是否可以取消中标资格？

问题：某公司中标了一个工程咨询项目，在签订中标合同时，甲方工作人员发现该公司营业执照上的住所与公司实际的经营场所不同，认为该公司违规，要取消其中标资格。

请问营业执照上的住所与公司实际经营场所不一致，可以取消中标资格吗？

答案：《公司法》第七条规定：“……公司营业执照应当载明公司的名称、住所、注册资本、经营范围、法定代表人姓名等事项。公司营业执照记载的事项发生变更的，公司应当依法办理变更登记，由公司登记机关换发营业执照。”该法第十条同时规定：“公司以其主要办事机构所在地为住所。”

依据《公司法》的相关规定，如公司住所发生变化时，公司应当及时办理变更登记，由登记机关换发营业执照。但是，在实践中，公司营业执照上的住址和主要办事机构所在地不同的现象时有发生，特别是投标企业如处在较大城市，由于公司规模扩大等原因，经常会出现搬迁新址、多处办公等情况，有部分企业出于对相关法律规定不了解或未引起足够重视等原因，未及时办理营业执照变更手续。

出现营业执照中的住所与实际经营场所不一致的情形，仅代表该公司在这一方面的管理存在一些漏洞和不足，不能理解为该公司不具备该项目履约能力。如果招标文件对此情形没有约定或者约定不明，不宜以该公司“存在影响中标结果的违法行为”为由取消其中标资格。当然，作为中标企业也应当吸取教训，及时办理营业执照变更登记事宜。

141. 集团公司中标后是否可以将项目交给子公司施工？

问题：某集团公司中标了一个施工项目。请问可以将中标项目交给控股的下属子公司施工吗？该下属子公司具有相应资质，与集团公司法定代表人是同一人。

答案：集团公司中标后，不得将中标项目交给子公司实施。

《中华人民共和国建筑法》第二十八条规定：“禁止承包单位将其承包的全部建筑工程转包给他人，禁止承包单位将其承包的全部建筑工程肢解以后以分包的名义分别转包给他人。”

《建筑工程施工发包与承包违法行为认定查处管理办法》（建市规〔2019〕1号）第八条规定：“存在下列情形之一的，应当认定为转包，但有证据证明属于挂靠或者其他违法行为的除外：（一）承包单位将其承包的全部工程转给其他单位（包括母公司承接建筑工程后将所承接工程交由具有独立法人资格的子公司施工的情形）或个人施工的……”

《招标投标法》第四十八条规定：“中标人应当按照合同约定履行义务，完成中标项目。中标人不得向他人转让中标项目，也不得将中标项目肢解后分别向他人转让。”

本例集团公司和子公司虽然是同一个法定代表人，但集团公司和子公司是两个独立的法人单位，有着各自不同的名称、组织机构和办公场所，各自以自己的全部财产对自己的行为承担独立民事责任。因此，集团公司中标交由子公司施工，本质上属于两家不同建筑企业之间的转包行为，为法律所禁止。

142. 是否可以在签订合同时调整中标范围和工程量？

问题：某项目招标公示中标候选人之后，招标人向第一中标候选人发出了中标通知书，但招标人在签订合同时提出调整中标范围和工程量，请问这种做法是否合法？为什么？

答案：招标人提出调整中标范围和工程量的要求不合法。因为根据《中华人民共和国合同法》（以下简称《合同法》，2021 年 1 月 1 日《民法典》施行，《合同法》废止）规定，发出的中标通知书是承诺。《招标投标法》第四十五条规定："中标通知书对招标人和中标人具有法律效力。中标通知书发出后，招标人改变中标结果的，或者中标人放弃中标项目的，应当依法承担法律责任。"中标通知书生效后，合同在实质上已经成立，招标人改变中标结果，或者中标人放弃中标项目，都应当承担违约责任。并且根据《招标投标法实施条例》第五十七条规定："招标人和中标人应当依照招标投标法和本条例的规定签订书面合同，合同的标的、价款、质量、履行期限等主要条款应当与招标文件和中标人的投标文件的内容一致。招标人和中标人不得再行订立背离合同实质性内容的其他协议。"因此，招标人在签订合同时不得调整中标范围和工程量。

143. 合同签约时间超过中标通知书要求的时间，该合同是否有效？

问题： 中标通知书要求中标人接到通知 15 日内与甲方签合同，双方实际是在第 23 日签订合同。请问该合同是否有效？双方的签约行为是否涉嫌违法违规？如果涉嫌违法，具体违反哪条哪款规定？

答案： 该合同有效。

《招标投标法》第四十六条规定："招标人和中标人应当自中标通知书发出之日起三十日内，按照招标文件和中标人的投标文件订立书面合同。"依据相关法律规定，在中标通知书发出 30 日内签订合同均属合法行为。在本项目中，双方的签约行为违反了中标通知书的要求，但并不违反法律规定。

144. 设计方案变化，是否需要重新组织施工招标？

问题： 某政务中心装修和智能化工程预算为 1 500 多万元，已通过招标方式确定了施工单位。中标合同签订后，市相关领导认为原设计已经过时，目前，本项目实施机构已对该装修和智能化工程重新进行了设计。请问如价款变化不大，可以直接让原中标人继续施工吗？

答案：不可以。

原施工单位的中标方案是以原施工图设计为基础制定的。本项目已重新进行施工图设计，与之对应的项目预算、工程量清单和施工组织设计也应做相应调整，应当重新组织招标。

145. 投标有效期已过，招标人是否还可以与中标人签订合同？

问题：投标有效期已过，招标人是否还可以与中标人签订合同？

答案：投标有效期已过，招标人不可以与中标人签约。

投标有效期，是投标文件保持有效的期限。从法律属性来看，投标文件属于要约，中标通知书属于承诺。投标文件一般都标有投标有效期，属于附期限的要约，一旦超出有效期，投标文件自动失效。如投标人在超出该期限后才作出承诺，则该承诺不具有法律效力。

146. 解除合同后，发包人是否可以选择本标段的其他中标候选人实施剩余工作量？

问题：某依法必须进行招标的工程建设项目施工招标划分多个标段招标，招标完成后，招标人与中标人签订了合同。但在合同实施过程中，因为承包人的施工质量、服务等问题，发包人与承包人依照合同约定解除了合同。解除合同后，原承包人的剩余工作量应当如何选择新的承包人？发包人是否可以选择本标段的其他中标候选人实施剩余工作量？

答案：应根据招标项目的性质以及合同未履行部分金额的大小判定具体的采购方式，主要有三种情形：

第一种情形，如果该项目不属于依法必须招标的项目，采购方式由采购人自行决定。当采购文件有约定时，应按采购文件约定进行。

第二种情形，如果该项目属于依法必须招标的项目，但尚未履行的合同金额没有达到法律规定的强制招标规模标准的，尚未履行剩余份额的采购方式由采购人自行决定。当招标文件有约定时，应按招标文件约定进行。

第三种情形，如果该项目属于依法必须招标的项目，且尚未履行的合同金额超过法律规定的强制招标的规模标准的，尚未履行剩余份额的采购仍需招标。

147. 政府采购项目签署补充合同，新增金额超过原采购金额的10%该如何处理？

问题：《政府采购法》第四十九条规定："政府采购合同履行中，采购人需追加与合同标的相同的货物、工程或者服务的，在不改变合同其他条款的前提下，可以与供应商协商签订补充合同，但所有补充合同的采购金额不得超过原合同采购金额的百分之十。"

如果是政府采购工程，因为设计变更、签证导致增加金额超出原合同10%的，这个补充合同就不能签了吗？如果不能补签，该部分追加的内容应如何处理？还要公开招标吗？

答案：根据《政府采购法》第四条的规定，政府采购工程进行招标投标的，适用招标投标法。而依据《招标投标法实施条例》第九条第四款的规定，有以下情形可以不进行招标："需要向原中标人采购工程、货物或者服务，否则将影响施工或者工程配套要求。"所以，政府采购工程因为设计变更、签证导致增加的工程金额如符合上述要求，可以不招标，直接签补充合同。

148. 工程结算中超出合同金额是否执行《政府采购法》第四十九条规定?

问题：如果工程建设项目是通过公开招标方式确定的施工单位，在招标文件及合同中均明确了招标工程量清单中的工程量不作为最终结算的依据，最终以实际发生的工程量乘以投标单价进行结算，在施工过程中常因多种原因导致结算金额超过原合同总金额，有关部门工作人员认为根据《政府采购法》第四十九条规定，超过原合同金额10%的部分需要重新招标，请问这种说法是否正确?

答案：工程合同以单价计价的，工程结算以实际完成的工程量为准，这是合同规定的工程结算的规则。《政府采购法》第四十九条的规定，是指签订补充合同的规定。签订补充合同的，补充合同的采购金额不得超过原合同采购金额的10%。该工作人员的说法不正确。

四、异议与投诉

149. 招标人或招标代理机构是否有权调查第一中标候选人业绩的真伪?

问题：第二、三中标候选人投诉第一中标候选人投标业绩造假并附有相关资料，请问招标人或招标代理机构是否有权调查业绩的真伪？

答案：《招标投标法实施条例》第五十六条规定："中标候选人的经营、财务状况发生较大变化或者存在违法行为，招标人认为可能影响其履约能力的，应当在发出中标通知书前由原评标委员会按照招标文件规定的标准和方法审查确认。"根据以上规定，收到中标候选人可能业绩造假的异议后，招标人可以进行调查，并将调查材料交原评标委员会审查确认。如果发现业绩造假，可依照《招标投标法实施条例》第四十二条规定，由原评标委员会对业绩造假予以认定，并按照《招标投标法》第三十三条和第五十四条规定，取消中标候选人中标资格。

150. 招标人对招标公告中项目经理设置有异议，该如何处理？

问题：招标公告已上网并完成报名工作，投标人中对招标公告中项目经理的设置有异议，要求用补遗形式修改项目经理资格条件，是否可以通过补遗（澄清）进行修改，还是重新发布公告？

答案：如果招标公告中项目经理的设置违反法律、行政法规的强制性规定，应当重新招标。如果仅仅是设置不合理，应发布招标公告的更正公告，并将报名的截止时间做相应的后延，允许潜在投标人看到更正后的公告重新报名。仅以发补遗文件的形式是不妥的，对招标公告的修改应以公告形式发出。

151. 可以在评标结果公示文本中对异议函的形式提出要求吗？

问题：某依法必须招标项目刚刚完成评标。招标代理机构提出，要在中标候选人公示文本中，明确评标结果异议函的递交形式和递交方式。大致表述如下："在公示期间，投标人及其利害关系人如对评标结果有异议的，应以书面形式向招标人或招标代理机构提出；异议函应加盖单位公章，经法定代表人或其授权委托人签字，并由法定代表人或其授权委托人到招标人或招标代理机构现场提交，或通过邮寄、电邮等方式送达，逾期未提交的异议将不予受理。"请问这种做法是否合法？

答案：招标人可以在中标候选人公示中，对异议函的形式和提交方式等提出要求。

《招标公告和公示信息发布管理办法》（国家发展改革委令第 10 号）第六条规定："依法必须招标项目的中标候选人公示应当载明以下内容：（一）中标候选人排序、名称、投标报价、质量、工期（交货期），以及评标情况；（二）中标候选人按照招标文件要求承诺的项目负责人姓名及其相关证书名称和编号；（三）中标候选人响应招标文件要求的资格能力条件；（四）提出异议的渠道和方式；（五）招标文件规定公示的其他内容。"

依据相关法律规定，评标结果公示文本中，理应对异议方式、渠道等相关情况提出要求。

152. 提出第二次异议的有效时间应该从哪天算起？

问题：中标候选人公示期间，提出第一次异议，招标公司进行了回复，接着又进行了第二次异议（前后两次异议的内容不同），那么提出第二次异议的有效时间应该从哪天算起？

如果第二次异议，招标公司以超期为由拒绝接受，投标公司是否可以向行政监督部门投诉（《招投标法实施条例》规定投标人或者其他利害关系人认为招标投标活动不符合法律、行政法规规定的，可以自知道或者应当知道之日起 10 内向有关监督部门投诉），这里的 10 日应该从哪天算起？

答案：在评标结果公示期内，投标人有提出异议的权利；提出投诉的有效期限不应计入法定异议答复期限。

《招标投标法实施条例》第五十四条规定："依法必须进行招标的项目，招标人应当自收到评标报告之日起3日内公示中标候选人，公示期不得少于3日。投标人或者其他利害关系人对依法必须进行招标的项目的评标结果有异议的，应当在中标候选人公示期间提出。招标人应当自收到异议之日起3日内作出答复；作出答复前，应当暂停招标投标活动。"

因此，只要是在公示期内，投标人都有提出异议的权利，法规对提出异议的次数亦没有限制，如果招标人以超期为由拒绝接受，不予答复，则投标人可以就异议事项向行政监督部门投诉。

《招标投标法实施条例》第六十条规定："投标人或者其他利害关系人认为招标投标活动不符合法律、行政法规规定的，可以自知道或者应当知道之日起10日内向有关行政监督部门投诉。投诉应当有明确的请求和必要的证明材料。就本条例第二十二条、第四十四条、第五十四条规定事项投诉的，应当先向招标人提出异议，异议答复期间不计算在前款规定的期限内。"

本题中投标人提出异议后，招标人不予答复的，投标人向行政监督部门投诉的10日有效期限应当从提出异议（知道或应当知道）时起算，但不应计入法定异议答复期限，即投诉有效期限应当顺延3日。

153. 两份异议是否可以一并答复？

问题：某项目中标候选人公示期间，先后收到同一家投标单位提交的两份书面异议函，两份异议函中的具体事项和异议请求各有不同。请问这两份异议函可以一并答复吗？现公示期已满，可以先发中标通知书然后再进行答复吗？

答案：本项目提出异议的主体是同一家单位，两份异议可以一并进行答复。但一并答复时，应注意不得超过第一份异议函的法定答复期限。

《招标投标法实施条例》第五十四条规定："……招标人应当自收到异议之日起3日内作出答复；作出答复前，应当暂停招标投标活动。"依据这一规定，招标人或其委托的代理机构在对异议事项处理完毕以后，方可向中标单位发出中标通知书。

154. "投标人或其他利害关系人"中的"其他利害关系人"具体指什么？

问题：请问如果投标人或者其他利害关系人对依法必须进行招标的项目评标结果有异议，这其中的"其他利害关系人"包括哪些？购买招标文件但未投标者可以对评标结果提出异议吗？

答案：其他利害关系人是指投标人以外的，与招标项目或者招标活动有直接或者间接利益关系的法人、其他组织和自然人。

对于评标结果的异议而言，其他利害关系人主要包括与投标人有共同利益的分包人和供应商，以及投标人的项目负责人等利害关系人。

购买招标文件但未参加投标的不属于评标结果的利害关系人，不能对评标结果提出异议。

155. 如何认定 "知道或者应当知道之日起10日内"？

问题：根据《工程建设项目招标投标活动投诉处理办法》（国家发展改革委等七部门令第11号）规定，投诉人认为招标投标活动不符合法律行政法规规定的，可以在知道或者应当知道之日起 10 日内提出书面投诉。如何认定“知道或者应当知道之日起 10 日内”?

答案：关于《招标投标法实施条例》规定所称的“应当知道”应当区别不同的环节，一般认为：招标公告发布后，投诉人应当知道招标公告是否存在排斥潜在投标人等违法违规情形；投诉人获取资格招标文件一定时间后应当知道其中是否存在违反现行法律法规规定的内容；开标后投诉人即应当知道投标人的数量、名称、投标文件递交等情况，特别是是否存在《招标投标法实施条例》第三十四条规定的情形；中标候选人公示后应当知道评标结果是否存在违反法律法规和招标文件规定的情形等。

156. 根据《工程建设项目招标投标活动投诉处理办法》规定，哪些情形的投诉行政监督部门不予受理?

问题：根据《工程建设项目招标投标活动投诉处理办法》（国家发展改革委等七部门令第 11 号），哪些情形的投诉，行政监督部门不予受理?

答案：根据《工程建设项目招标投标活动投诉处理办法》，对招标投标活动的投诉应当符合一定的条件，才会被受理，主要考虑投诉的主体、事实、形式、时效、证据、程序等方面的因素。具体来讲，有下列情形之一的投诉，不予受理：

（1）投诉人不是所投诉招标投标活动的参与者，或者与投诉项目无任何利害关系；

（2）投诉事项不具体，且未提供有效线索，难以查证的；

（3）投诉书未署具投诉人真实姓名、签字和有效联系方式的；以法人名义投诉的，投诉书未经法定代表人签字并加盖公章的；

（4）超过投诉时效的；

（5）已经作出处理决定，并且投诉人没有提出新的证据的；

（6）投诉事项应先提出异议而没有提出异议、已进入行政复议或行政诉讼程序的。

157. 评审错误可以投诉评标委员会吗？

问题：某投标企业参加了一个施工项目的投标。评标结果公示后，发现该公司的投标被否决了。经仔细核对招标文件的要求，初步判断是评标委员会评审错误。请问：该公司可以投诉评标委员会吗？如发现评审错误，作为投标人应该投诉评标委员会还是招标人？

答案：应当投诉招标人。

评标委员会是招标人依法组建的，为解决对投标文件评审这项专业问题而设立的一个临时性组织。业界主流观点认为：评标委员会不是一个独立的机构，其法律后果应由招标人承担。

需要特别注意的是：依据《招标投标法实施条例》的相关规定，投标人对评标结果提起投诉的，应当先向招标人提出异议。因此，该公司如对评标结果不满意，不可直接向行政监督部门投诉，而应先向招标人提出异议，如招标人未在规定期限内答复或对招标人的答复不满意，可依法向行政监督部门提起投诉。

158. 不同标段同一业绩造假该如何处理？

问题：某个施工项目分两个标段一起招标。这两个标段的招标文件在资格条件要求中对投标人的业绩做了统一要求，并明确投标人只需提供一份投标文件，即视为参加两个标段投标，但只能中一个标。评审时，有一家投标单位被发现某施工合同业绩造假。

依据《招标投标法》相关规定，行政监督机关可对投标人处中标项目金额 5‰～10‰的罚款。请问在对该投标人处以罚款时，罚款金额基数是取两个标段的总额，还是取其中较大或较小标段的中标金额来处罚？

答案：该投标人参加了本项目两个标段的投标，但只能中一个标罚款金额计算的基数取两个标段中标金额较大的标段总额。

159. 摇号确定中标人是否可取？

问题：某县级招投标监督部门在这几年的招标过程中发现，很多施工项目的投标人特别多，按照现在的法律法规要求，每个项目都必须经过评标委员会评审，程序烦琐且耗时长，还经常有投标人对评审结果提出异议或投诉，导致一些项目进度拖延，无法按时启动。为此，该部门打算出台一个办法，对符合资格条件的投标人采用摇号方式确定中标人。

请问该方式是否可取？采用摇号方式确定中标人有什么弊端吗？

答案：采用摇号方式确定中标人不可取。

和一对一的买卖活动相比，招标投标活动最大的特点是“改买卖双方之间的博弈为供应商之间的博弈”。招标投标机制的原理是通过投标人之间的相互竞争，比较出不同投标人的优劣之后，择优选择中标人。而抽签、摇号等方式本质上属于一种博彩机制，在这种机制下，供应商之间拼的是运气和概率，而不是技术和能力。因此，择优机制和博彩机制在基本原理上是存在着互斥和冲突的。

实际上，采用抽签、摇号等方式确定中标人，虽然表面上公平，但对于综合能力占优的施工单位而言，反而是不公平的。此外，博彩机制也无助于促进整个施工行业的技术进步和管理水平提升。

综上，不建议采用抽签、摇号等方式确定中标人。

160. 中标候选人弄虚作假应当承担什么法律责任?

问题：某工程施工项目，招标文件规定：“在最近三年内有骗取中标或严重违约或重大工程质量问题的投标人，招标人将拒绝其投标。”投标人A公司的投标文件中，附有“三年内无骗取中标、严重违约或重大工程质量问题承诺函”。

该项目经评审，A公司被推荐为第一中标候选人。公示期间，其他投标人提出异议，举报A公司前年承接的某工程项目因出现重大工程质量问题被行政监督部门处罚。经招标人调查，该事项属实。

请问：A公司除了将被取消中标资格外，还应承担哪些法律责任?

答案：《招标投标法实施条例》第四十二条第二款规定：“投标人有下列情形之一的，属于招标投标法第三十三条规定的以其他方式弄虚作假的行为：（一）使用伪造、变造的许可证件；（二）提供虚假的财务状况或者业绩；（三）提供虚假的项目负责人或者主要技术人员简历、劳动关系证明；（四）提供虚假的信用状况；（五）其他弄虚作假的行为。”

本案A公司在投标前三年内曾出现重大工程质量问题，但在投标文件中却隐瞒了这一事实，并出具了无重大工程质量事故承诺函。该情形应属于弄虚作假骗取中标的行为。招标人除可以取消其中标资格外，还可要求其赔偿相应损失，并报行政监督部门依据《招标投标法》第五十四条和《招标投标法实施条例》第六十八条的相关规定，结合其违法情节，处以罚款、没收违法所得、取消其一年至三年内参加依法必须进行招标的项目的投标资格、吊销营业执照等相应处罚；构成犯罪的，由司法机关依法追究其刑事责任。

161. 投诉材料投诉到招管局（招投标监管单位）、纪委（立案）、检察院（立案），三个部门在时间上不能一致，致使招标停止很长时间，该如何处理？

问题：投诉材料投诉到招管局（招投标监管单位）、纪委（立案）、检察院（立案），三个部门在时间上不能一致，致使招标停止很长时间，该如何处理？

答案：以上三个部门对招标投标争议的处理职能是不同的。根据《招标投标法实施条例》规定，县级以上地方人民政府有关部门按照规定的职责分工，对招标投标活动实施监督，依法查处招标投标活动中的违法行为。监察机关依法对与招标投标活动有关的监察对象实施监察。

招管局应该是当地政府的招投标监管单位，负责对招标投标活动实施监督，依法查处招标投标活动中的违法行为，处理与招标有关的投诉。投诉处理期间是否需要暂停招标，应由招管局决定。

纪委和监察机关一般是两块牌子的同一个机构，其职责是负责对与招标投标活动有关的监察对象实施监察。因此，纪委的立案审查应该针对的是具体的人员，而不是招标项目。纪委不负责对招标投标活动实施监督。对于与招标有关的投诉，不应向纪委提出。纪委对监察对象实施审查期间，招标项目应正常进行。

检察院的职责是对危害国家安全案、危害公共安全案、侵犯公民人身权利、民主权利案和其他重大犯罪案件，行使检察权；对公安机关侦查的案件进行审查，决定是否逮捕、起诉或者免于起诉；对刑事案件提起公诉、支持公诉；对公安机关、人民法院和监狱、看守所、劳动改造机关的活动是否合法，实行监督。同样，检察院也不负责对招标投标活动实施监督。对于与招标有关的投诉，不应向检察院提出。

五、其他

162. 招标师职业资格许可取消后，招标师证书是否有效？

问题：目前国家取消了招标师职业资格许可，招标从业人员资格不再纳入《国家职业资格目录清单》，招标师证书是否仍然有效？对于招标从业人员的能力水平，如何进行评价管理？

答案：招标代理行业目前处于机构和从业人员“双放开”状态，从事招标代理的企业，不需要进行资质资格申报，相关人员也无须通过从业资格考试即可从业。

招标代理行业曾推行过招标师职业水平考试和职业资格考试。党的十八大以后，随着“放管服”改革的不断深入，招标代理行业取消了招标师职业资格考试制度。之前参加过招标师职业水平考试和职业资格考试并通过全科考试的人员，其招标师职业资格（职业水平）证书继续有效。根据中国招标投标协会《招标采购从业人员专业技术能力评价暂行办法》规定，已取得《招标师职业资格证书》和《招标师职业水平证书》的人员，具备招采项目业绩可直接在网上按规定填报《中级招采人员申请表》申请招采人员中级能力评价证书。

对于招标从业人员的能力水平，可以根据中国招标投标协会《招标采购从业人员专业技术能力评价暂行办法》的规定，按照招采人员的能力评价遵循从业人员自愿参与评价，能力评价结果市场主体自愿选择使用的原则，对在中华人民共和国境内从事招标采购活动的从业人员，依据招采人员应具备的职业道德、专业理论知识、实际招标采购专业工作经验等职业素养，对招采人员进行专业技术能力评价。能力评价工作由中国招标投标协会负责组织实施，各级招采人员的测试办法及评审办法由中国招标投标协会制定。具体评价相关工作请关注中国招标投标协会官网。

163. 政府采购与工程有关的货物时如何正确选择适用法律？

问题：采购与工程建设有关的货物时，属于政府采购货物还是政府采购工程？

答案：《政府采购法实施条例》第七条第一款规定："政府采购工程以及与工程建设有关的货物、服务，采用招标方式采购的，适用《中华人民共和国招标投标法》及其实施条例；采用其他方式采购的，适用政府采购法及本条例。"根据上述规定，政府采购工程有关的货物采用招标方式采购的，适用《招标投标法》；采用非招标方式，适用《政府采购法》。

164. 政府采购工程进行招标投标的，适用《招标投标法》 还是《政府采购法》？

问题：政府采购工程招标投标，是否应要求投标人必须满足《政府采购法》第二十二条相关规定？

答案：《政府采购法》第四条规定："政府采购工程进行招标投标的，适用招标投标法。"但是，《政府采购法》中对政府采购活动的一般性规定依然对政府采购工程项目具有约束力。因此，《政府采购法》第二十二条的规定也适用于政府采购工程招标项目。

165. 总承包项目对暂估价未公开招标，审计中发现价格确认单的价格高于市场价，应当如何处理？

问题：审计某总承包项目，总承包合同内的空调、配电设备等以暂估价的形式出现，总承包公司对暂估价未公开招标。在工程结算资料中，只有材料、设备的价格确认单（经甲方签字认可），且审计发现，价格确认单的价格高于市场价。请问这样的情况，除了指出总承包公司未公开招标，对于高于市场价格的确认单，应该怎样处理？

答案：属于依法必须进行招标的项目范围且达到国家规定规模标准的总承包合同内暂估价项下货物，应当依法进行招标。

《招标投标法实施条例》第二十九条第一款规定："招标人可以依法对工程以及与工程建设有关的货物、服务全部或者部分实行总承包招标。以暂估价形式包括在总承包范围内的工程、货物、服务属于依法必须进行招标的项目范围且达到国家规定规模标准的，应当依法进行招标。"《必须招标的工程项目规定》（国家发展改革委第 16 号令）第五条规定："本规定第二条至第四条规定范围内的项目，其勘察、设计、施工、监理以及与工程建设有关的重要设备、材料等的采购达到下列标准之一的，必须招标：（一）施工单项合同估算价在 400 万元人民币以上；（二）重要设备、材料等货物的采购，单项合同估算价在 200 万元人民币以上；（三）勘察、设计、监理等服务的采购，单项合同估算价在 100 万元人民币以上。同一项目中可以合并进行的勘察、设计、施工、监理以及与工程建设有关的重要设备、材料等的采购，合同估算价合计达到前款规定标准的，必须招标。"

根据以上法规规定，应当具体查明该项目总承包合同内暂估价项下的材料、设备，是否属于依法必须进行招标的项目范围，且达到国家规定的规模标准，则招标人未进行招标应承担规避招标的法律责任。对于价格确认单价格高于市场价格的问题，招标人应当严格依据合同条款相关规定，按照变更及价格调整的条款进行处理，使之符合合同的要求。

166. 招标人在招标文件中明确推荐品牌是否违法?

问题：某工程类电梯项目公开招标，招标文件中招标人推荐了一定数量的电梯品牌，同时明确若投标人所投品牌不是推荐品牌的，需向建设单位申请，由招标人论证确定与推荐品牌属于同等档次并书面同意方可。请问此举是否合法?

答案：这种做法不合法，属于招标人以不合理的条件限制、排斥潜在投标人。

《招标投标法实施条例》第三十二条规定："招标人不得以不合理的条件限制、排斥潜在投标人或者投标人。招标人有下列行为之一的，属于以不合理条件限制、排斥潜在投标人或者投标人：……（五）限定或者指定特定的专利、商标、品牌、原产地或者供应商……"根据此条规定，招标人限定品牌，无论是强制推荐某一个品牌还是多个品牌，抑或强制设定品牌认可的前置程序，都属于以不合理的条件限制、排斥潜在投标人。

只有当招标人必须引用某一品牌或制造商才能准确清楚地说明招标项目的技术标准和要求时，才能在招标文件中引用该品牌或制造商，但应当在引用的品牌或供应商名称前加上"参照或相当于"的字样，以保证其他品牌或制造商可以公平参与投标竞争。

电梯属于通用设备，电梯招标采购可以以统一的技术标准和规格参数体现供货要求，不属于“只有当招标人必须引用某一品牌或制造商才能准确清楚地说明招标项目的技术标准和要求”的情形，因此招标人不得违法限定品牌。

货 物 篇

一、政府采购

1. 政府采购制度框架下的租赁货物属于货物采购还是服务采购？

问题：在政府采购制度框架下，租赁货物到底是货物项目还是服务项目？

答案：政府采购中，工程、货物、服务是指政府采购的标的。购买、租赁、委托、雇佣等只是采购的形式。采购人可以通过购买取得货物的所有权，也可以通过租赁取得货物的使用权。因此，租赁货物应属于货物采购。

2. 某预算单位的工会组织使用工会资金是否应当进行政府采购？

问题：某预算单位的工会组织使用工会资金进行采购，是否适用《政府采购法》？

答案：预算单位的工会会费不属于财政资金。预算单位如使用工会会费进行采购，可不受《政府采购法》相关规定的限制。

3. 实行进口许可证管理的机电产品是否适用《政府采购法》及其条例?

问题：事业单位使用财政性资金向国内代理商购买进口机电产品（如公立医院采购一台医用磁共振设备），如不按商务部规定进行国际招标，采购人无法申请《进口自动许可证》，也无法办理进口手续。请问关于这类产品，是否可以按《政府采购法》及其实施条例实施?

答案：本例所述的采购活动属于政府采购的范围。根据《政府采购货物和服务招标投标管理办法》（财政部令第87号）的规定，政府采购货物中的进口机电产品招标投标有关特殊事宜由财政部另行规定。在财政部未出台进口机电产品招标投标有关规定之前，采购方式和采购程序均应按照《政府采购法》及其相关规定执行。关于该类项目采购的货物进口手续的办理问题，财政部门和商务部门目前已经协调达成一致，可以办理相关手续。

4. 中外合资企业使用财政性资金进行采购，是否属于政府采购?

问题：某中外合资企业申请到了一笔财政补贴资金，打算用这笔资金购买一些生产设备和办公用品。请问在使用这笔财政性资金时，需要按照《政府采购法》的规定进行采购吗?

答案：《政府采购法》第二条第二款规定："本法所称政府采购，是指各级国家机关、事业单位和团体组织，使用财政性资金采购依法制定的集中采购目录以内的或者采购限额标准以上的货物、工程和服务的行为。"

依据这一规定，政府采购的主体应当是国家机关、事业单位或团体组织。该公司系一家中外合资企业，其采购主体的性质不符合《政府采购法》

的规定，不属于《政府采购法》管辖。该公司可依据企业内部管理规定使用该笔财政性资金。

5. 政府采购项目中既有货物又有工程，应如何定性？

问题：某单位计划在主要路口新安装交通信号灯系统，预算 1 200 万元。其中，灯杆、信号灯、抓拍设施 980 万元，灯杆基础、电缆、观察井等土建工程 220 万元。请问是按政府采购进行采购货物及安装还是工程招标？

答案：从本项目的特点来看，应属于政府采购工程项目，且已达到公开招标的数额，应当采用公开招标方式实施采购。依据《政府采购法》第四条规定："政府采购工程招标投标的，适用招标投标法。"本项目招标时，应当遵循《招标投标法》的相关规定。

6. 学校医院采购药品如果符合相关规定，可以不采用政府采购的程序吗？

问题：学校医院采购超过 220 万元的药品，请问是否需要按照政府采购政策进行？如果药品不采用政府采购，有什么依据？

答案：药品采购与一般政府采购项目不同，国家相关部门有专门的规定，应遵循《药品集中采购监督管理办法》（国纠办发〔2010〕6 号）的相关规定。

7. 政府采购中哪些项目可以实行定点采购？

问题：根据《财政部关于促进政府采购公平竞争优化营商环境的通知》（财库〔2019〕38 号）的规定，不得通过入围方式设置备选库、名录库、资格库作为参与政府采购活动的资格条件，妨碍供应商进入政府采购市场。请问哪些项目可以实行定点采购？

答案：对于列入政府集中采购目录的某些品目，可以实行定点采购或协议供货。定点采购或协议供货的范围由当地财政部门确定。

8. 非京内的中央预算单位应如何申请采购进口产品？

问题：非京内的中央预算单位应如何申请采购进口产品？

答案：根据财政部办公厅印发的《关于简化优化中央预算单位变更政府采购方式和采购进口产品审批审核有关事宜的通知》（财办库〔2016〕416号）规定，采购人应通过主管预算单位向财政部申报，得到财政部批复后才可组织采购进口产品。

9. 限额以下进口产品是否需要进行进口论证？

问题：某高校需采购一个进口仪器用于教学科研，该产品不在集中采购和部门集中采购目录内，且采购预算在政府采购分散采购限额以下。请问是否需要依据《政府采购法》第十条的规定，在采购活动开始之前进行进口论证？

答案：《政府采购法》第二条第二款规定："本法所称政府采购，是指各级国家机关、事业单位和团体组织，使用财政性资金采购依法制定的集中采购目录以内的或者采购限额标准以上的货物、工程和服务的行为。"结合该法第二条、第十条的相关规定，事业单位使用财政性资金采购集中采购目录以外，且在分散采购限额以下的货物，不属于《政府采购法》的管辖范围。《政府采购法》中要求对采购进口产品进行论证的规定，不适用于该类采购项目。

10. 项目资金尚未到位，能否启动招标?

问题：在政府采购招标中，由于不确定扶持资金到位时间，是否可以设置两种付款方式？如果设置了两种付款方式，是否属于资金不到位就已经启动招标，属违法行为？

答案：付款方式是合同的重要内容，关系到采购价格。采购文件必须明确付款方式。如果资金不落实，不应启动招标。

11. 招标文件审核对专家有什么要求?

问题：某政府采购货物招标项目，想请几位专家帮助审核招标文件。请问审核招标文件的专家需要从综合评标专家库中抽取吗？在专业构成方面有什么要求？有没有规定必须是所招产品的专家呢，还是具有招标资格的人都可以？

答案：国家层面未对招标文件的论证审核做强制性规定。

聘请业内专家对招标文件的技术需求书、评标办法等内容进行论证审核，是招标人的自主行为。招标文件的论证审核专家无须从综合专家库中随机抽取，招标人可根据项目的实际需要自行聘请相关专家。

关于专家的专业组成结构，建议由熟悉产品使用性能的技术类、熟悉市场行情的经济类专家和熟悉招标采购法律的招标专家或法律专家组成。

12. 只向入围供应商采购货物是否合法?

问题：政府采购货物招标，招标文件规定部分品目只能是入围协议供货商参加投标。请问这种做法合规合理吗?

答案：协议供货单位的产生，已经经过一轮招标或其他竞争方式，可认同其合法性。但是否合理，需看该品目的协议供应商提供的货物和相应服务与市场上相比是否更有优势。如果在其不具备优势的情况下，还指定在入围供应商中选择，其合理性就值得质疑了。此外，还需要特别注意的是：根据《关于促进政府采购公平竞争优化营商环境的通知》(财库〔2019〕38号)的规定，除小额零星采购适用的协议供货、定点采购以及财政部另有规定的情形外，采购人不得"通过入围方式设置备选库、名录库、资格库作为参与政府采购活动的资格条件，妨碍供应商进入政府采购市场"。

13. 一个标包是否只能有一家中标人?

问题：不接受联合体的政府采购货物项目，一个标包是否只能有一家中标人?

答案：根据《政府采购法》规定，一个标包只可以确定一个中标人。如果采购内容需要由多个供应商承担完成，采购人应该根据采购货物的属性，把采购内容划分为若干个包件分别发包，并确定每个包件的中标人。

14. 采购文件中明确要求采购图书的书名及出版社是否合法?

问题：学校采购图书项目有时候因为实际需要，在采购文件中会明确要求采购图书的书名及出版社，是否合法？

答案：图书的出版社相当于货物采购的制造厂家。如果该图书采购项目属于不确定书名、只确定类别的采购项目，一般不应指定出版社。如果采购标的属于购买指定的教辅材料之类，必须指定图书书名和出版社才能采购的，应该按照单一来源采购对待。

15. 预算单位向贫困地区采购农副产品是否需通过国家指定的网络交易平台进行？

问题：某校后勤食堂（纳入学校预算管理）拟从学校定点扶贫单位（云南某县）采购 210 万公斤大米，是否可以采用单一来源方式从县政府推荐的企业名单（只有一家大米供货商，本地可能还有其他大米供货商）中采购。

答案：按照《政府采购贫困地区农副产品实施方案》（财库〔2019〕41 号）和《国务院办公厅关于深入开展消费扶贫助力打赢脱贫攻坚战的指导意见》（国办发〔2018〕129 号）的要求，预算单位向贫困地区采购农副产品一般应通过国家指定的网络交易平台进行。承担扶贫协作任务的预算单位，可以直接从扶贫协作地区购买扶贫产品。

16. 集中采购目录之外的项目必须委托集中采购机构采购的规定是否合规？

问题：根据《政府采购法》第十九条规定："采购人有权自行选择采购代理机构，任何单位和个人不得以任何方式为采购人指定采购代理机构。"但有些地方政府部门要求，集中采购目录之外的项目必须委托集中采购机构采购，是否合规？

答案：不合规。根据《政府采购法》规定，采购纳入集中采购目录的政府采购项目，必须委托集中采购机构代理采购；采购未纳入集中采购目录的政府采购项目，可以自行采购，也可以委托集中采购机构在委托的范围内代理采购。但任何单位和个人不得以任何方式为采购人指定采购代理机构。因此，要求非集中采购项目也必须委托集中采购机构采购的规定不合法。

17. 《集中采购目录》中同一品目没有达到公开招标的数额标准，可否不公开招标？

问题：《集中采购目录》的计算机网络设备包括网络交换机、网络路由器、网络存储设备、网络安全产品。请问在确定公开招标采购方式时，是按照计算机网络设备合计金额，还是四个小分类金额，或者按最末级品目金额是否200万元以上确定？

答案：网络交换机、网络路由器、网络存储设备、网络安全产品在《政府采购品目分类目录》中属于不同的品目。如果一个品目中的产品金额没有达到公开招标的数额标准，可以不采用公开招标方式采购。

18. “采购意向公开时间不得晚于采购活动开始前30日”的“采购活动开始”是指什么时间？

问题：根据《关于开展政府采购意向公开工作的通知》（财库〔2020〕10号）第五项规定，采购意向公开时间应当尽量提前，原则上不得晚于采购活动开始前30日公开采购意向。这里的“采购活动开始”是指什么时间？

答案：要求采购人公开采购意向的时间不得晚于采购活动开始前30日。这里所说的采购活动开始一般是指采购人向供应商发出参加资格预审、投标、竞争性谈判、竞争性磋商或询价等采购活动的公告或邀请书的时间。

19. 单一来源采购项目是否应公开预算？

问题：单一来源采购项目在编制采购文件中，是否需要在采购文件中公开项目预算金额。如果采购文件中公开预算金额，供应商贴着预算金额报价，不肯降价怎么办？

答案：不应当公开采购预算。主要理由如下：

一是编制采购文件不是单一来源采购项目的法定要求。在《政府采购法》体系的相关规定中，特别是在《政府采购非招标采购方式管理办法》（财政部令第74号）中，没有要求单一来源采购项目必须编制采购文件，只要求单一来源采购项目应当组建协商小组与供应商进行协商谈判。由此可做如下推断：对于单一来源采购项目来说，可以不编制采购文件。

二是部门规章以上的法律对单一来源采购文件是否公开预算未做要求。《政府采购法实施条例》第三十条规定："采购人或者采购代理机构应当在招标文件、谈判文件、询价通知书中公开采购项目预算金额。"此外，《政府采购非招标采购方式管理办法》第十一条规定："谈判文件、询价通知书应当包括供应商资格条件、采购邀请、采购方式、采购预算、采购需求、采购程序、价格构成或者报价要求、响应文件编制要求、提交响应文件截止时间及地点、保证金交纳数额和形式、评定成交的标准等。"上述法条中，关于公开预算的规定都谨慎地避开了单一来源采购项目。

三是单一来源采购项目公开预算金额不利于价格谈判。在单一来源采购项目中，由于只有一家供应商响应采购邀请，供应商一定程度上占据谈判主动地位。而采购预算是采购人进行价格谈判的控制底线，如果事先公开采购预算，亮出底牌，无疑会给采购人带来很大被动。

综上分析，根据法律法规和部门规章的规定，单一来源采购项目可以不公开采购预算。

20. 同一标包确定两家中标供应商轮流供货是否合规？

问题：单位食堂食材供应项目（预算金额在限额标准以上的分散采购项目），由于食材需求的特殊性，项目需求难免品类繁杂，即使根据需求进行合理分包后，单一标包如由一家供应商承担，可能出现因特殊情况或供应商应急能力有限，导致无法正常供货的情况。故实际操作中，采购人更倾向于同时确定两家中标供应商轮流供货，或根据合同约定的其他方式供货，以保证食材供应正常。请问这样操作是否合规，是否违反《关于促进政府采购公平竞争优化营商环境的通知》（财库〔2019〕38 号）禁止设置备选库的规定？

答案：该采购模式属于定点采购，不违背《关于促进政府采购公平竞争优化营商环境的通知》的规定。需要注意的是：由于是定点采购，采购人应当在招标文件中，事先约定两家供货商的供货比例、供货份额、供货时间等相关事项，以避免在合同履行时出现不必要的纠纷。

21. 提交资格预审申请文件的时间期限是自公告发布之日起不得少于 5 个工作日还是 15 个工作日？

问题：关于资格预审文件的提供期限，《政府采购法实施条例》第二十一条规定，提交资格预审申请文件的时间自公告发布之日起不得少于 5 个工作日。《政府和社会资本合作项目政府采购管理办法》第六条规定，提交资格预审申请文件的时间自公告发布之日起不得少于15个工作日。两个规定是否矛盾?

答案：《政府采购法实施条例》和《政府和社会资本合作项目政府采购管理办法》关于资格预审文件提供期限的规定并不矛盾。《政府采购法实施条例》是上位法，规定资格预审文件提供期限不得少于5个工作日，即超过5个工作日都属于合法。《政府和社会资本合作项目政府管理管理办法》是下位法，在上位法的基础上进一步要求不得少于15个工作日，没有违反上位法的规定。《政府和社会资本合作项目政府采购管理办法》如果规定不得少于3个工作日，就违反上位法的规定了。此外，《政府采购法实施条例》规制的是一般政府采购项目的资格预审活动，而《政府和社会资本合作项目政府采购管理办法》规制的是PPP项目的资格预审活动，两者约束的对象并不相同。PPP项目采购，资格预审应当遵循《政府和社会资本合作项目政府采购管理办法》的相关规定。

22. 发布资格预审公告后是否还要发布招标公告?

问题：某政府采购项目，在已经完成资格预审后，还被行政监督部门要求再次发布招标公告。请问：公开招标项目通过发布资格预审公告完成资格预审后，是否还需要发布招标公告?

答案：采用资格预审的公开招标项目，包括政府采购公开招标项目，在完成资格预审后，招标人应当直接向通过资格预审的申请人发出投标邀请书，不需要再发布招标公告。

公开招标项目的资格审查分为资格预审和资格后审两种方式。采用资格预审的，招标人应当发布资格预审公告；采用资格后审的，招标人应当发布招标公告。两种资格审查方式是互斥关系，发布公告的程序亦不能交叉。招标公告的邀请对象是不特定的潜在投标人，而资格预审结束后，招标人只能邀请通过资格预审的特定申请人参加投标，因此不需再发布招标公告。

《政府采购法实施条例》第二十一条第一款规定："采购人或者采购代理机构对供应商进行资格预审的，资格预审公告应当在省级以上人民政府财政部门指定的媒体上发布。"

《政府采购货物和服务招标投标管理办法》（财政部令第87号）第十八条第二款规定的"公开招标进行资格预审的，招标公告和资格预审公告可以合并发布，招标文件应当向所有通过资格预审的供应商提供"，进一步明确了资格预审项目不需重复发布招标公告，是政府采购招标项目实务操作的最新政策依据。

23. 政府采购货物使用公开招标方式时间来不及可改为询价吗？

问题： 某预算单位有一个300多万元的货物采购项目，依据相关规定，应当采用公开招标方式进行采购。前段时间，由于新冠肺炎疫情影响，该项目无法开展采购活动。现在疫情逐渐缓解，但该项目如果还是采用招标方式的话，等采购活动完成，采购人与供应商签订合同以后再开始交货，时间方面无法满足该项目的要求。请问这个项目可否改为询价采购？

答案： 不可以，建议改用竞争性谈判方式实施采购。

《政府采购非招标采购方式管理办法》（财政部令第74号）第二十七条规定："符合下列情形之一的采购项目，可以采用竞争性谈判方式采购：（一）招标后没有供应商投标或者没有合格标的，或者重新招标未能成立的；（二）技术复杂或者性质特殊，不能确定详细规格或者具体要求的；

（三）非采购人所能预见的原因或者非采购人拖延造成采用招标所需时间不能满足用户紧急需要的；（四）因艺术品采购、专利、专有技术或者服务的时间、数量事先不能确定等原因不能事先计算出价格总额的。”依据《政府采购法》第三十条和《政府采购非招标采购方式管理办法》（财政部令第 74 号）的相关规定，本项目如采用招标方式无法满足采购人的紧急需要，可以依法改用竞争性谈判方式实施采购。

需要注意的是：本项目采购预算超过了公开招标的数额标准。根据《政府采购法》第二十七条的相关规定，应当在采购活动开始以前，报当地设区的市、自治州以上人民政府采购监督管理部门批准后，方可启动竞争性谈判采购活动。

24. 采购集成产品，核心产品可以是多个还是只能确定一个？

问题：《政府采购货物和服务招标投标管理办法》（财政部令第 87 号）第三十一条第三款规定：“非单一产品采购项目，采购人应当根据采购项目技术构成、产品价格比重等合理确定核心产品，并在招标文件中载明。多家投标人提供的核心产品品牌相同的，按前两款规定处理。”在实践中，如遇到采购集成产品，核心产品可以是多个还是只能确定一个？

答案：核心产品原则上应为一个。

《政府采购货物和服务招标投标管理办法》第三十一条第一款和第二款，分别规定了采用最低评标价法和综合评分法的采购项目，出现提供相同品牌产品的不同投标人参加同一合同项下投标的处理办法。这两款的规定，默认的前提是针对采购单一产品的情形。而对于采购非单一产品，由于可能涉及其中一部分产品的品牌相同，而另一部分产品的品牌不同的问题，无法依据第三十一条第一款和第二款的规定进行处理。

《政府采购货物和服务招标投标管理办法》第三十一条第三款要求非单一产品采购时应先确定核心产品，本质上是为了解决多产品采购项目难以用单一产品的品牌进行评判和衡量的问题。因此，从这个角度看，非单一产品采购项目，原则上应该确定唯一的核心产品品牌，否则依然很难解决多产品品牌冲突的问题。

但是，在实践中，也确实存在采购品目多，根据采购项目技术构成、产品价格比重等法定因素，依然很难选择并确定唯一核心产品的可能。遇到这类非常特殊的项目，如采购人确需确定多个产品为核心产品，则应在招标文件中明确“凡列入核心产品的，如供应商出现相同品牌，均被认定为一家投标人”，以利于在实践中避免争议。

25. 采购代理机构可以要求供应商在领购文件时提供哪些资料?

问题：《关于促进政府采购公平竞争优化营商环境的通知》（财库〔2019〕38 号）实施后，采购代理机构可以要求供应商在领购文件时提供哪些资料？是否可以要求提供法定代表人授权书/介绍信、被授权人身份证复印件？

答案：优化营商环境的目的是尽量减轻供应商的负担和简化办事程序。供应商领购采购文件的手续应该尽量简便，可以不要的材料尽量不要。如果为了核实供应商身份，要求供应商提供单位介绍信或者身份证明是可以的。

26. 竞争性磋商项目延长采购文件发售期须顺延响应文件截止时间吗?

问题：某政府采购竞争性磋商项目，磋商文件已经发售了 5 个工作日，购买文件的供应商只有两家，磋商小组准备再延长发售时间两个工作日。请问提交首次响应文件截止日期是否也得顺延两天？《政府采购竞争性磋商采购方式管理暂行办法》（财库〔2014〕214 号）文没有这方面的规定，该如何处理？

答案：《政府采购竞争性磋商采购方式管理暂行办法》第十条规定："从磋商文件发出之日起至供应商提交首次响应文件截止之日止不得少于 10 日……磋商文件的发售期限自开始之日起不得少于 5 个工作日。"如本项目磋商文件出售时间延长两个工作日后，没有超出原磋商文件规定的供应商提交首次响应文件截止之日，则无须顺延响应文件提交截止时间。

27. 联合体协议应在何时提供？

问题：联合体协议应在何时提供，是否可以要求在领购文件时提供？联合体是在领购文件时就需要确定联合体及成员，还是由单一供应商领购文件后根据项目情况自行决定是否组成联合体，或联合体及成员以投标文件中提交的联合体协议为准即可？

答案：联合体是供应商在研究招标文件和对自身情况进行对照后才能够提出的组成方案。因此联合体协议应该在投标时随投标文件一起提供。购买招标文件之前就要求供应商组成联合体是不符合规定的。

28. 招标文件没有规定否决投标条件，评委可否认定投标无效？

问题：法律规定评委必须按照招标文件的规定进行评审，如果招标文件对投标文件出现某种情形时没有作出规定，但是法律法规对该种情形又有规定，那么评委是依据招标文件还是依据法律法规作出决定？例如：招标文件没有规定“投标人未按规定签署盖章的投标文件无效”，评审过程中如果出现投标人未按规定签署盖章，那么评委是否可以根据《政府采购货物和服务招标投标管理办法》（财政部令第87号）第六十三条有关：“投标人存在下列情况之一的，投标无效：……（二）投标文件未按招标文件要求签署、盖章的……”的规定对投标人作出投标无效的认定？

答案：法律的强制性规定是当事主体都必须遵守的规定，即使招标人没有将法定的投标无效情形列入招标文件，评标委员会也可依据相关法律的规定对该投标文件作出无效投标处理。需要注意的是，采购人在编制招标文件时，应尽可能把法定的无效投标情形列入招标文件中，以避免争议。

29. 政府采购中业绩要求如何设置？

问题：某项目公开招标采购10万棵A树木。因为种植时间要求紧迫，需要中标的供应商有足够履约能力，招标人想在评分标准里面设置业绩加分项。提供2019年以来通过公开招标中标的20万棵以上A树木合同复印件得1分，提供类似项目业绩合同复印件每增加1份加1分，最多得10分。这样做是否符合政府采购相关法律法规？

答案：政府采购中业绩可以作为资格条件，也可以作为评分因素，但必须符合以下条件：一是规定的业绩必须与采购项目需求相关；二是不得指定特定金额的业绩；三是业绩如果列为资格条件后就不得再列为评分因素。本例所提条件存在以下不妥：一是规定业绩必须是公开招标的中标业绩，属于不合理限制；二是要求20万棵以上的合同业绩，属于要求特定供货数量的业绩，不符合扶持中小企业的政策。

30. 允许进口产品投标的项目，供应商可否为外国供应商？

问题：允许进口产品投标的项目，供应商可否为外国供应商？

答案：允许进口产品投标的项目，如采用国际招标，投标人可以是注册境外的供应商。

31. 将“企业经营连续三年盈利”作为评审因素是否属于不合理要求？

问题：招标文件中将“企业经营连续三年盈利”（不要求盈利多少，只是要求盈利）作为评审因素是否属于以不合理条件对供应商差别待遇和歧视待遇？

答案：要求供应商为连续三年盈利企业属于合理要求。供应商为连续三年盈利企业，有利于保证合同顺利履行，且不构成对中小企业的歧视。

32. 企业无亏损和企业资产负债率可否作为评审因素？

问题：企业无亏损、企业负债率是否可以作为评审因素？

答案：企业无亏损和企业资产负债率是与企业规模无关的因素，但与企业履行合同的能力有关，可以作为评审因素。

33. 政府采购中检测报告是否可以作为评分标准？

问题：货物采购招标文件的评分标准中，设置产品质量检测报告加分，国家级检测机构出具的加 6 分，省级检测机构出具的加 2 分。国家对该产品实行强制性检测，产品必须具备检测报告。但在招标文件中，没有把这一强制性检测报告作为强制条件，而是用作了加分项。这是否属于招标文件违反了国家强制性规定？

答案：第一，把不同级别检测机构出具的检测报告作为评分标准的做法不妥。检测机构只有具备国家认监委认可的资格后才可以开展检测，不同级别检测机构出具的检测报告的效力是相同的。

第二，通过检测机构的检测如果是国家的强制要求，这个要求应该作为对投标文件符合性审查的审查内容，如果不符合要求则投标应被否决，符合要求的投标才可以进入综合打分阶段。将通过检测作为评分因素的做法是错误的。

34. 价格不列为评审因素如何对小微企业进行价格扣除？

问题：执行固定价的政府采购项目，价格不作为评审因素，如何执行小微企业用扣除后的价格参与评审的规定？

答案：执行固定价格的项目，如果价格不列为评审因素，则可以不对小微企业进行价格扣除。

35. 将特定行业的业绩作为资格条件或评审因素是否违法？

问题：在进行医院、高校物业政府采购时，能否将医院、高校物业业绩作为类似业绩？

答案：《政府采购法实施条例》第二十条规定："采购人或者采购代理机构有下列情形之一的，属于以不合理的条件对供应商实行差别待遇或者歧视待遇……（四）以特定行政区域或者特定行业的业绩、奖项作为加分条件或者中标、成交条件……”依据这一规定，政府采购项目，以特定行业的业绩作为资格条件或评审因素属于违法行为。

36. 招标文件中可以要求提供省级平台对接测试证明（检测报告）并作为实质性要求吗？

问题：招标文件中，可以要求提供省级平台对接测试证明（检测报告）并作为实质性要求吗？

答案：招标文件中的实质性要求都应该根据项目实际工作的需求提出。如果省级平台对接测试证明是完成采购项目所必需的条件，可以将其作为实质性要求。但采购人必须对这个“必需”承担责任。如果省级平台对接测试证明不是必需的，则构成以不合理的条件限制供应商。

37. 投标文件要求投标人提供项目所在地办公场所证明是否合法？

问题：某招标项目评分标准规定，投标人在当地具有与其业务范围相适应的固定的经营场所、办公场所的得 5 分，没有不得分（提供固定办公场所、服务场所的产权证复印件及房屋所有人身份证复印件或租赁协议复印件）。此规定是否违法？

答案：《关于促进政府采购公平竞争优化营商环境的通知》（财库〔2019〕38 号）规定：“要全面清理政府采购领域妨碍公平竞争的规定和做法，重点清理和纠正以下问题：……（三）要求供应商在政府采购活动前进行不必要的登记、注册，或者要求设立分支机构，设置或者变相设置进入政府采购市场的障碍……”本项目招标文件存在对外地企业的歧视，要求投标人在当地具备固定的经营场所属于以不合理条件限制供应商，应当予以纠正。

38. 资质已经作为资格条件，能否作为评审因素?

问题：某政府采购货物招标项目，招标文件中已经把供应商具备相应资质作为资格条件要求，是否可以在评标办法中把资质等级作为评审因素?

答案：《政府采购货物和服务招标投标管理办法》（财政部令第 87 号）第五十五条规定，采用综合评分法的政府采购货物和服务招标项目，资格条件不得作为评审因素。

39. 有较大数额罚款的供应商是否具备政府采购资格?

问题：经查询“信用中国”网站，投标单位存在较大数额行政处罚，但未被列入失信被执行人、重大税收违法案件当事人名单、政府采购严重违法失信行为记录名单，请问此类投标单位是否具备投标资格，是否为有效投标单位?

答案：《政府采购法》第二十二条规定：“供应商参加政府采购活动应当具备下列条件：……（五）参加政府采购活动前三年内，在经营活动中没有重大违法记录……”《政府采购法实施条例》第十九条规定：“政府采购法第二十二条第一款第五项所称重大违法记录，是指供应商因违法经营受到刑事处罚或者责令停产停业、吊销许可证或者执照、较大数额罚款等行政处罚。”依据上述法律的相关规定，有较大数额的罚款的供应商不具备参加政府采购活动的资格。

40. 询价采购项目是否可以要求供应商提供生产厂家的授权函?

问题:《政府采购货物和服务招标投标管理办法》(财政部令第 87 号)第十七条规定，采购人“不得通过将除进口货物以外的生产厂家授权、承诺、证明、背书等作为资格要求”。请问该规定是否适用于非公开招标的项目？在询价采购中，是否可以要求供应商提供生产厂家的授权或服务承诺函等内容？

答案:《政府采购货物和服务招标投标管理办法》第二条规定:“本办法适用于在中华人民共和国境内开展政府采购货物和服务(以下简称货物服务)招标投标活动。”因此，《政府采购货物和服务招标投标管理办法》不适用于非招标采购活动。

询价属于非招标采购活动，在《政府采购法》和《政府采购非招标采购方式管理办法》(财政部令第 74 号)中，没有明令禁止询价项目的采购人要求供应商提供生产厂家授权。但是，依据《政府采购法》确立的公开透明原则、公平竞争原则、公正原则和诚实信用原则，这一做法违背了立法精神，涉嫌以不合理条件对供应商实行歧视待遇或差别待遇。

41. 台港澳合资企业是否属于外商投资企业? 是否可以参加政府采购活动?

问题:某市政府采购网上发布了食品检测类采购需求公示，需求公示文件中，对投标人资格条件的要求为:“必须先行注册为××政府采购中心的非外资供应商。”某公司营业执照上的类型为“有限责任公司(台港澳合资)”，请问该公司是否属于上述条件中所说的外资？可否参加政府采购活动？

答案：该公司应属于外商投资企业（即外资企业），《政府采购法》未禁止外商投资企业参加政府采购活动。但本项目采购文件中明文规定非外资供应商方可参加本项目采购活动，如采购文件的规定属依据采购项目的特点和实际需求设定的资格条件要求，则该公司不具备参加本项目采购活动的资格。

42. 供应商存在税务违法行为是否可以参加政府采购？

问题：《政府采购法》规定供应商应有依法缴纳税收和社会保障资金的良好记录。在实际工作中，有的人认为参加政府采购活动的供应商只要存在税务违法行为，受到税务部门行政处罚的，无论处罚数额多少，都认定为没有依法缴纳税收和社会保障资金的良好记录，不符合供应商参加政府采购活动应当具备的条件，而拒绝该供应商参加政府采购活动，这种认定正确吗？如有不妥，对《政府采购法》第二十二条第一款第四项，有依法缴纳税收和社会保障资金的良好记录怎样理解？

答案：《政府采购法》第二十二条规定："供应商参加政府采购活动应当具备下列条件……（四）有依法缴纳税收和社会保障资金的良好记录；（五）参加政府采购活动前三年内，在经营活动中没有重大违法记录。"以上规定，是关于政府采购活动中对供应商信用记录的相关要求。

对于如何查询和使用记录，根据《关于在政府采购活动中查询及使用信用记录有关问题的通知》（财库〔2016〕125 号）的规定，相关主体的信用记录是供应商资格审查、采购代理机构委托、评审专家管理的重要依据。同时，规定"各级财政部门、采购人、采购代理机构应当通过'信用中国'网站（www. creditchina. gov. cn）、中国政府采购网（www. ccgp. gov. cn）

等渠道查询相关主体信用记录。”“采购人或者采购代理机构应当对供应商信用记录进行甄别，对列入失信被执行人、重大税收违法案件当事人名单、政府采购严重违法失信行为记录名单及其他不符合《中华人民共和国政府采购法》第二十二条规定条件的供应商，应当拒绝其参与政府采购活动。”

因此，理解“有依法缴纳税收和社会保障资金的良好记录”，可依据供应商是否被列入重大税收违法案件当事人名单以及社会保险领域严重失信人名单来进行判断，并通过“信用中国”网站、中国政府采购网等渠道查询。未列入以上两个名单的供应商，视为虽然具有违法失信行为，但是未达到政府采购法律法规规定的禁止情形。

本题中，供应商存在税务违法行为受到税务部门行政处罚的，可依据《重大税收违法失信案件信息公布办法》（国家税务局公告 2018 年第 54 号）第五条的相关规定来判断其是否属于重大税收违法案件的案件标准。对于情节轻微或未造成严重社会影响的纳税失信行为，符合一定条件的供应商，可以向主管税务机构申请纳税信用修复，具体规定可参见《关于纳税信用修复有关事项的公告》（国家税务总局公告 2019 年第 37 号）。

如供应商存在不依法办理社会保险登记等违法行为受到相关政府部门行政处罚的，可依据《社会保险领域严重失信人名单管理暂行办法》（人社部规〔2019〕2 号）第五条的相关规定来判断其是否属于社会保险领域严重失信人。

43. “参加政府采购活动前三年内，在经营活动中没有重大违法记录”是否适用单一来源项目?

问题：“参加政府采购活动前三年内，在经营活动中没有重大违法记录”的规定是否适用单一来源项目?

答案：单一来源采购是《政府采购法》中法定的采购方式之一，供应商参加单一来源采购，其主体资格要求适用《政府采购法》第二十二条的规定。

44. 同一集团下的兄弟公司同时参加同一合同项下的政府采购活动是否违规?

问题：供应商 A 和 B 是同一集团下的兄弟公司，同时参加同一合同项下的政府采购活动，是否违反了《政府采购法实施条例》第十八条的规定?

答案：《政府采购法实施条例》第十八条规定："单位负责人为同一人或者存在直接控股、管理关系的不同供应商，不得参加同一合同项下的政府采购活动。"同一集团下的两家公司是兄弟关系，两家公司之间不存在直接控股或管理关系，并且该两家公司的法定代表人不是同一人，如同时参加同一合同项下的政府采购活动，并不违反《政府采购法实施条例》第十八条的规定。

45. 政府采购中招标文件能否多次更正?

问题：如果招标文件进行多次澄清和修改，发布第一则更正公告以后，是否可以马上发布第二则更正公告对第一则更正公告的更正事项进行再次更正?

答案：更正公告的内容只要不影响投标，不需要在投标截止前 15 日发布，且可以多次更正。但是采购人应同时书面通知已经购买招标文件的供应商。需要注意的是：如采购标的或资格条件发生变化，采购人应当终止招标后重新组织招标。

46. 采购公告或采购文件发出后需对资格条件或采购标的作出修改，应如何操作？

问题：当发生采购任务没有取消，但确需修改资格条件或者标的采购时，是发布“中止公告”还是“终止公告”，或其他方式操作？

答案：采购人在开始进行采购活动前，一定要慎重确定采购标的和资格条件。采购公告或采购文件一旦发出，采购标的和资格条件不得更改。如果因为采购人的责任造成资格条件和标的错误，采购人应该终止采购活动，并重新组织采购活动。

47. 政府采购中需求论证公示后评分标准是否可以修改？

问题：某政府采购项目已经进行了采购需求论证，论证结果采购人也已经同意，并进行了需求论证公示。采购人在编制采购文件的时候还可以改变需求论证中拟定的评分标准吗？

答案：1. 采购需求是由采购人编制并承担责任。一般政府采购项目不需要进行采购需求论证。虽然采购人编制的采购需求经过了论证和公示，但是只要采购人认为必要，是随时可以修改的。当然，政府向社会公众提供的公共服务项目，采购人修改采购需求后应当就采购需求重新征求社会公众的意见。

2. 评分标准是招标文件中评标办法的内容，不属于采购需求论证内容。采购人编制采购文件时应依据法律法规、采购需求及市场竞争度来设定评分标准。

48. 政府采购中取消投标保证金和履约保证金是否合理?

问题: 目前各地为了优化营商环境，要求取消投标保证金和履约保证金。请问该种做法是否合理？在取消各种保证金的情况下，虽然给企业减负了，但是如何保证采购人的权益和产品的质量？

答案: 根据《政府采购法》规定，政府采购项目是否收取投标保证金和履约保证金是采购人的权利，由采购人根据具体项目决定，行政机关不宜干涉。投标保证金和履约保证金是保护采购人权益的一个重要经济手段，当然，收取保证金也会增加供应商负担。采购人应综合考虑，平衡好采购人权益和供应商负担。应该设立保证金的项目，采购人必须设立。

49. 非招标方式采购的，响应文件是否必须设置有效期?

问题:《政府采购货物和服务招标投标管理办法》(财政部令第87号)对投标文件的投标有效期作出了相关规定，但是非招标方式采购的，并未对响应文件的有效期作出规定。请问非招标方式采购的，对响应文件的有效期是否有相关规定？响应文件是否必须要有有效期？

答案: 响应文件有效期对采购人和供应商都具有约束力，采购人在采购文件中设置响应文件的有效期，可保障采购人有足够的时间完成评审、确定成交供应商、签订采购合同等相关工作。因此，尽管相关法律没有对非招标方式采购的响应文件有效期作规定，但采购人可在采购文件中设置响应文件的有效期，要求供应商必须对该项要求进行实质性响应。

50. 政府采购中暂停采购活动后多久可以恢复?

问题: 政府采购项目招标公告发出后，需要暂停采购活动和恢复采购活动。暂停多久以后可以恢复? 恢复采购活动时，是否需要延长投标截止时间?

答案: 政府采购货物和服务招标时，从招标文件发出到投标截止的时间不得少于 20 日。不少于 20 日的规定是为了给投标人必要的时间来准备投标。如果采购人因某种原因需要暂停招标，那么就应该在恢复招标时，书面通知所有已经获取招标文件的投标人，并告知新的投标截止时间。采购人确定新的投标截止时间，应当满足法定的时限要求，以保证供应商有足够的时间准备投标。

51. 货物招标项目可否设置“原产地应为中国境内”进行招标?

问题: 请问货物招标项目可否设置“原产地应为中国境内”进行招标呢?

答案: 按照竞争范围划分，货物招标可以分为国内招标和国际招标两种类型。《政府采购法》第十条规定:“政府采购应当采购本国货物、工程和服务。”因此，政府采购项目如无特别说明，一般都默认为国内招标项目。国内招标项目无须注明货物产品的原产地为中国境内。如采用国际招标的政府采购货物招标项目，适格投标人以及货物原产地可以是来自世界上所有国家和地区，招标人不能对货物原产地进行限制。

52. 代理商可以授权其他人投标吗？

问题：某政府采购货物招标项目，生产商授权给代理商投标后，代理商还可以授权其他人投标吗？

答案：货物招标的供应商，一般可以是制造厂商或其代理商。本项目生产商已经授权代理商参加投标，未经生产商许可，代理商不得授权其他人投标。

53. 资质证书可以作为资格条件或加分项吗？

问题：目前，部分资质证书交由行业部门管理（如信息系统集成及服务资质），那么在政府采购活动中还能设定这些行业管理部门颁发的资质证书作为资格条件或加分项吗？

答案：政府采购活动中将计算机信息系统集成及服务资质等非法定资质条件列为资格条件或者加分项属违法行为。

《国务院关于取消和下放一批行政审批项目的决定》（国发〔2014〕5号）已经明确将计算机信息系统集成企业等资质认定项目取消，该资质已经不再是法定资质，不能作为政府采购的资格条件。采购文件将计算机信息系统集成企业资质列为实质性条款，违反了《政府采购法》第二十二条的规定，即“采购人可以根据采购项目的特殊要求，规定供应商的特定条件，但不得以不合理的条件对供应商实行差别待遇或者歧视待遇”。

54. 一个公司的法定代表人是另一公司的控股股东是否属于控股关系？

问题：某政府采购项目发现一家投标公司的法定代表人是另一家投标公司的股东（占股50%，按《公司法》和《中华人民共和国政府采购法实施条例释义》规定属于控股），而《政府采购法实施条例》第十八条第一款规定“单位负责人为同一人或者存在直接控股、管理关系的不同供应商，不得参加同一合同项下的政府采购活动”，那么这种情况是否属于实施条例第十八条第一款规定的“控股关系”？是否属于本条规定的不得参加政府采购活动的情形？这两家公司能不能参加本项目投标？

答案：《政府采购法实施条例》第十八条第一款规定：“单位负责人为同一人或者存在直接控股、管理关系的不同供应商，不得参加同一合同项下的政府采购活动。”该条款所规定的控股关系仅限于两家公司之间的直接控股关系，而不包括间接的股权关系。

因此，本政府采购项目的两个潜在投标人如果法定代表人不是同一人，且不存在直接的控股关系，则不违反政府采购法体系的限制性规定，这两家公司可以同时参加本项目投标。

55. 同一制造商生产的不同品牌可以参加同一合同项目下的投标吗？

问题：某政府采购项目出现多家投标人提供同一制造商生产的不同品牌参与同一合同项目投标，请问这种情形是否合法？

答案：《政府采购货物和服务招标投标管理办法》（财政部令第87号）第三十一条规定：“采用最低评标价法的采购项目，提供相同品牌产品的不同投标人参加同一合同项下投标的，以其中通过资格审查、符合性审查且报价最低的参加评标；报价相同的，由采购人或者采购人委托评标委员会按照招标文件规定的方式确定一个参加评标的投标人，招标文件未规定的采取随机抽取方式确定，其他投标无效。使用综合评分法的采购项目，提供相同品牌产品且通过资格审查、符合性审查的不同投标人参加同一合同项下投标的，按一家投标人计算，评审后得分最高的同品牌投标人获得中标人推荐资格；评审得分相同的，由采购人或者采购人委托评标委员会按照招标文件规定的方式确定一个投标人获得中标人推荐资格，招标文件未规定的采取随机抽取方式确定，其他同品牌投标人不作为中标候选人。非单一产品采购项目，采购人应当根据采购项目技术构成、产品价格比重等合理确定核心产品，并在招标文件中载明。多家投标人提供的核心产品品牌相同的，按前两款规定处理。”

本例所述情形没有违反《政府采购法》的规定。为了鼓励竞争，《政府采购法》允许同一制造商的不同品牌、不同型号的产品由代理商在同一项目中投标。但是，在计算投标人数量和评审时，应当根据《政府采购货物和服务招标投标管理办法》第三十一条的相关规定执行。

56. 竞争性谈判项目，只有两家供应商购买文件怎么办?

问题：某竞争性谈判项目采购公告中规定，谈判文件的出售时间为 3 个工作日，谈判文件出售期届满时，发现只有两家供应商购买了谈判文件。请问这种情况该如何处理，可以和两家供应商进行谈判吗?

答案：《政府采购非招标采购方式管理办法》（财政部令第 74 号）第十二条规定：“采购人、采购代理机构应当通过发布公告、从省级以上财政部门建立的供应商库中随机抽取或者采购人和评审专家分别书面推荐的方式邀请不少于 3 家符合相应资格条件的供应商参与竞争性谈判或者询价采购活动。”

如本项目采购公告中设置的供应商资格条件合理，谈判文件中也没有不合理条款，建议先发布变更公告，延长本项目谈判文件的出售时间，以便让更多的供应商参与本项目竞争。如首次响应文件提交截止时，依然只有两家供应商递交响应文件，该项目应当终止采购程序，并重新组织采购活动。

57. 定点入围采购项目成交人是否应当依序递补？

问题：某政府采购定点入围项目，采购方式为竞争性磋商，采购文件规定入围单位应小于或等于 25 家。该项目有 50 多家单位参与竞争，评审结束后，评审小组推荐了 25 家成交候选单位。成交公告发布后，经质疑、投诉等环节，财政部门确认有 6 家成交单位在响应文件中提供了虚假资料，取消了上述 6 家单位的成交资格。

请问是否应从合格的未成交单位中，依照得分高低的顺序补充成交供应商数量？

答案：由于采购文件没有事先约定该类问题如何处理，因此从合格的未成交单位中补充成交供应商依据不足。

此外，本项目入围单位少于 25 家是允许的。从这个角度看，不应在评审小组推荐的候选名单之外依序递补。

58. 政府采购中供应商的中小企业资格应如何认定？

问题：在政府采购中，供应商的中小企业资格是否应当经当地中小企业主管部门核实后才可认定？

答案： 中小企业的认定标准应按照《关于印发中小企业划型标准规定的通知》（工信部联企业〔2011〕300号）确定。供应商是否属于中小企业由供应商根据上述文件的相关规定，自行作出判断并进行承诺。

59. 个体工商户参与政府采购能不能享受6%～10%的价格扣除政策?

问题： 某政府采购货物招标项目接受个体工商户参与投标。请问个体工商户参加政府采购活动，能不能享受6%～10%的价格扣除政策?

答案：《中小企业划型标准规定》（工信部联企业〔2011〕300号）规定："本规定适用于在中华人民共和国境内依法设立的各类所有制和各种组织形式的企业。个体工商户和本规定以外的行业，参照本规定进行划型。"该规定由工业和信息化部、国家统计局、国家发展和改革委员会、财政部联合制定。依据这一规定，个体工商户参照《中小企业划型标准规定》划分为中型、小型和微型规模，如个体工商户属于小微规模，其参加政府采购活动时，可以参照微型企业的规定，享受6%～10%的价格扣除。

60. 政府采购时对小型、微型企业的价格扣除是否须执行同一个标准?

问题： 政府采购时，对小型企业和微型企业进行价格扣除必须执行同一个标准吗?

答案： 财政部、工业和信息化部发布的《政府采购促进中小企业发展暂行办法》（财库〔2011〕181号）规定的价格扣除标准是6%～10%。采购人可以在6%～10%之间，根据采购项目的具体情况再规定相应的价格扣除比例。小型企业和微型企业进行价格扣除标准可以不同。

61. 以产地作为评分因素是否合理？进口产品的部件是否受管理限制？

问题： 1. 政府采购电梯（公开招标综合评分法），在技术条款中对于曳引机等进行打分，其中原装进口曳引机分值较高，进口曳引机分值较低，国产曳引机分值最低，请问可以这样设置吗？如果不合理，是因为哪条法律规定？

2. 政府采购进口产品需要相关审批手续，但上述电梯采购打分中原装进口曳引机及进口曳引机也需要采购单位有相关手续吗？

答案： 1. 以产地作为评分因素的做法属于以不合理条件限制供应商，不符合公平原则，违反了《优化营商环境条例》（国务院令第 722 号）第十三条的规定。

2. 进口产品管理约束的是产品，而不是部件。曳引机属于电梯的部件。供应商选择进口部件不受政府采购进口产品管理的限制。

62. 高新技术企业、相关专利等能否作为加分因素？

问题： 1. 在政府采购货物采购中，高新技术企业能否设为加分项？

2. 货物采购中，具有相关专利证书和软件著作权证书能否设为加分项？

3. 政府采购工程中类似项目业绩加分项中能否设定规模条件（具体面积及金额要求）？

答案： 1. 政府采购项目的评分因素都应该与采购的需求相关。在货物采购中，供应商是否为高新企业一般与货物的品质和供货的能力无必然关系，因此不宜列为加分因素。

2. 专利证书和软件著作权证书同样也与货物的品质并无必然关系，不宜列为评分因素。

3. 政府采购工程应体现对中小企业的扶持政策，评分因素的设定不应歧视中小企业。由于特定金额和营业面积等要求与供应商的规模条件有关，故不得设置该类业绩作为资格条件要求或者评审因素。

63. 是否可以对项目实施人员数量进行加分？

问题：政府采购货物或服务项目，可以在评分办法中对项目实施人员（服务团队）的数量进行加分吗？

答案：在具体的政府采购项目中，采购人可以根据采购项目的实际情况，对供应商的服务团队人员数量提出要求。但需要注意的是：采购人提出的服务团队人员数量要求，必须与项目实际需要相适应，且是合同履行所必需的，否则将构成以不合理条件对供应商实行差别待遇或者歧视待遇。

64. 采购强制性要求是否应作为招标的实质性条件？

问题：凡是涉及强制性认证的功能参数都应当作为实质性条件吗？还是采购人可以根据采购需要来确定？比如应急广播设备，由有线网、无线电和音频融合而成。音频涉及3C认证，无线电涉及型号核准。偏离无线电功能会导致丧失应急属性，偏离音频播放功能会导致丧失广播属性，且这两项强制性认证均以功能来判定是否应当认证。请问其功能参数应当作为实质性要求，还是可以仅作为评审因素？

答案：为了保证政府采购过程和采购结果合法，国家对采购过程和采购结果的强制性要求都应该作为招标的实质性条件。如果投标人不符合要求，投标应做无效处理。

65. 政府采购中小微企业提供的货物有部分来自其他大中型企业或小微企业，应如何处理？

问题：小微企业提供的货物有部分是小微制造商生产的，有部分是中型制造商或者大型制造商生产的，这家企业在评标过程中是否还应享受价格优惠政策？

答案：小微企业提供其他大中型企业的产品，该产品不享受对小微企业的价格扣除优惠政策。

66. 中小企业声明函中“虚假”是指哪种情况？

问题：中小企业声明函中“如有虚假，将依法承担相应责任”，“虚假”是指哪种情况？承担相应责任是指《政府采购法》中第七十七条第一款提供虚假材料谋取中标的责任吗？

答案：中小企业声明函中“如有虚假，将依法承担相应责任”中的“虚假”是指声明函中对参加采购活动的供应商的企业规模，或其经销产品的制造商的企业规模弄虚作假。如果发现供应商弄虚作假，应按《政府采购法》第七十七条追究责任。

67. 中小企业声明函需要投标企业和产品制造商同时出具吗？

问题：代理商投标的，中小企业声明函需要投标企业和所投产品制造商同时出具吗？

答案：代理商投标时，中小企业声明函只需参加投标的供应商提供即可，该产品的制造商不需要提供声明函。

68. 是否可以要求投标人除了中小企业声明函外，再提供一份财务报告?

问题：为确保投标人承诺的小微企业的真实性，是否可以要求投标人除了中小企业声明函外，再提供一份财务报告?

答案：投标人提供中小企业声明函即可，评标委员会根据投标人提供的声明函认定投标人是否属于中小企业。根据《政府采购法实施条例》第十七条规定，财务报告属于投标人应该提供的资格证明文件，用来证明供应商具有完善健全的财务制度。

69. 采购强制节能产品时所投产品不是品目清单里的产品时，是否认定投标无效?

问题：在节能产品强制采购的政府采购政策中，如果所投产品不是品目清单里的产品，会被认定为投标无效吗?

答案：根据《关于调整优化节能产品、环境标志产品政府采购执行机制的通知》(财库〔2019〕9 号）规定，从 2019 年 4 月份起，实施政府优先采购和强制采购的产品类别及所依据的相关标准规范，以品目清单的形式发布并适时调整。不再发布“节能产品政府采购清单”和“环境标志产品政府采购清单”。随后，财政部和国家发展改革委公布了《节能产品政府采购品目清单》。在政府采购过程中，采购人应依据品目清单和认证证书实施政府优先采购和强制采购。品目清单中标记星号的为强制采购产品，强制采购产品的投标产品必须有认证证书，否则投标无效。

70. 政府采购货物产品是否需要供应商提供节能产品认证证书?

问题：某政府采购货物项目采购标的为水龙头和带液晶屏的一体机，需要供应商提供强制节能产品认证证书吗?

答案：根据财政部和国家发展改革委 2019 年 4 月 2 日发布的《节能产品政府采购品目清单》，水嘴（俗称水龙头）属于政府强制采购产品。政府采购项目如果采购水嘴，必须具有节能产品认证证书。带液晶屏的一体机不是政府强制采购产品，故不需要供应商提供节能产品认证证书。

71. LED 灯是否为强制节能采购的产品?

问题：LED 灯是否属于强制节能采购的产品?

答案：LED 灯是《节能产品政府采购品目清单》中第 11 项 A020619 照明设备的内容，属于优先采购的节能产品。

72.《关于进一步规范政府采购评审工作有关问题的通知》当前是否仍然有效?

问题：《关于进一步规范政府采购评审工作有关问题的通知》（财库〔2012〕69 号）当前是否仍然有效?

答案：《关于进一步规范政府采购评审工作有关问题的通知》目前仍是有效的文件。该文件不仅适用于货物类政府采购项目的评审，也适用于服务类、工程类等其他类政府采购项目的评审工作。

73. 资格审查超过三家而实质性审查通过后仅为两家，可以继续磋商吗？

问题： 通过资格性审查超过三家，而实质性审查通过后仅为两家的情况，可以依据《财政部关于政府采购竞争性磋商采购方式管理暂行办法有关问题的补充通知》（财库〔2015〕124号）继续磋商吗？

答案： 根据《政府采购竞争性磋商采购方式管理暂行办法》（财库〔2014〕214号）规定，在竞争性磋商过程中，提交最后报价的供应商不得少于三家，但市场竞争不充分的科研项目，以及需要扶持的科技成果转化项目，提交最后报价的供应商可以为两家。通过资格性审查超过三家，而实质性审查通过后仅为两家的，如果不是“市场竞争不充分的科研项目，以及需要扶持的科技成果转化项目”和政府购买服务项目，就应该终止采购。

74. 竞争性谈判中是否可以取消最后报价？

问题： 可否在竞争性谈判文件中规定，谈判结束后，采购需求中及合同主要条款有实质性变动，谈判小组应当要求供应商在规定时间内进行第二轮报价（最后报价）；没有实质性变动的，则不再安排最后报价，以响应文件中的价格作为最后报价？

答案： 根据《政府采购非招标采购方式管理办法》（财政部令第74号）规定，谈判小组应当要求所有继续参加谈判的供应商在规定时间内提交最后报价，提交最后报价的供应商不得少于三家。采购人不得限制或取消供应商最后报价的权利。

75. 竞争性磋商中供应商在提交最后报价时可否主动更改其质保期?

问题：在采用竞争性磋商方式项目的评审过程中，在磋商小组没有对采购需求中的技术、服务要求以及合同草案条款进行变动的前提下，供应商在提交最后报价时，可否主动更改其质保期（延长或者缩短其质保期）?

答案：在磋商过程中，磋商小组可以改变采购文件中的采购需求和合同条款。与此对应，供应商也可以改变其响应文件中的响应方案。如磋商小组未改变采购需求，只要求供应商提交最后报价，则供应商应当响应采购文件中的实质性要求，不得主动变更质保期。

76. 竞争性磋商中除了“最后报价”能否调整其他内容?

问题：《政府采购竞争性磋商采购方式管理暂行办法》（财库〔2014〕214 号）第二十一条“磋商小组应当要求所有实质性响应的供应商在规定时间内提交最后报价”里面的“最后报价”仅指供应商对其所报价格进行调整，不得调整其他任何内容吗?

答案：在最终报价之前，供应商通过与磋商小组的谈判已经确定了响应文件的内容，只剩下价格在最后报价时提交，“磋商小组应当要求所有实质性响应的供应商在规定时间内提交最后报价”里面的“最后报价”仅指供应商对其所报价格进行的调整，不得调整其他任何内容。

77. 非招标采购项目，供应商最后报价的大写与小写不符时应如何处理（修正）？

问题：非招标采购项目，供应商最后报价的大写与小写不符时应如何处理（修正）？

答案：首先应该按采购文件规定办理。如果采购文件没有对这种情形作出规定，应由磋商小组或询价小组根据具体情况集体研究并作出相应判断。

78. 分公司以总公司的名义参加投标，业绩怎样计算？

问题：某政府采购项目分公司经总公司的授权参与此项目政府采购活动，在综合评分中有对供应商的业绩或证书进行评分，应该以分公司的业绩或证书为准，还是以总公司的业绩或证书为准？

答案：如分公司以自己名义投标，则应当以分公司的业绩为准；如分公司以总公司名义投标，总公司和分公司的业绩都应该认可为投标供应商的业绩。

79. 资格审查应由采购人审查，还是应由评审小组审查？

问题：招标方式（邀请招标、公开招标）和非招标方式（竞争性谈判、竞争性磋商、询价等）采购，资格审查应由采购人审查还是评审小组审查？

答案：根据《政府采购货物和服务招标投标管理办法》（财政部令第 87 号）第四十四条规定，公开招标采购开标结束后，采购人或者采购代理机构应当依法对投标人的资格进行审查。非招标方式的资格审查，按照《政府采购非招标采购方式管理办法》（财政部令第 74 号）和《政府采购竞争性磋商采购方式管理暂行办法》（财库〔2014〕214 号）的相关规定，由评审小组（磋商小组）负责。

80. 如果评标委员会没有采购人代表，那么是由代理机构审查资格条件还是可以书面授权评审小组评审？

问题：如果评标委员会没有采购人代表，那么是由代理机构审查资格条件还是可以书面授权评审小组评审？

答案：政府采购货物和服务招标项目，采购人可以自己负责资格审查工作，也可以委托采购代理机构负责，但不得委托评标委员会负责资格审查工作。

81. 评分因素中供应商业绩标准设置过高，是否造成对中小企业的歧视？

问题：某单位拟政府采购一批家具，评分办法中“投标人提供自 2018 年 1 月 1 日以来承担酒店类合同业绩，金额在 400 万元以上，提供一份业绩得 1 分，最高得 5 分”是否违反规定？

答案：该单位要求将 400 万元金额的合同业绩作为评分因素，会造成对中小企业的歧视。除此之外，如果该单位采购的是酒店家具，要求酒店类业绩是合理的。但是如果采购的是普通办公家具，却要求投标人提供酒店业绩是不合理的，属于以特定行业的业绩作为中标、加分条件，且该类业绩的专业特点与本采购项目的关联度并不大。

82. 评标委员会在应当停止评标时没有停止评审，应承担何种责任？

问题：《政府采购货物和服务招标投标管理办法》（财政部令第87号）规定评标专家在评审前发现招标文件存在歧义、重大缺陷导致评标工作无法进行，或者招标文件内容违反国家有关强制性规定的，应当停止评标工作。但现实中很多专家发现了以上问题却并没有停止评审，是否有责任？

答案：如果评标委员会发现招标文件存在重大缺陷导致评标工作无法进行，或者招标文件内容违反政府采购有关强制性规定的，应当停止评标工作，并书面报告采购人。如果评标委员会仍然坚持继续评标，属于违反政府采购规定，其成员需要承担相应的法律责任。

83. 采购人能否派监督人员进入评标现场？

问题：采购人可以派监督人员进入评标现场进行监督吗？

答案：《政府采购货物和服务招标投标管理办法》（财政部令第87号）第六十六条规定："除采购人代表、评标现场组织人员外，采购人的其他工作人员以及与评标工作无关的人员不得进入评标现场。"根据这一规定，政府采购货物和服务招标项目，只有参加评标的采购人代表方可进入评标现场。采购人所在单位的内部监督人员，不属于可以进入评标现场的人员之列。

84. 同一品牌不同投标人评审中如何排序？

问题：某项目有五家公司投标，有一个核心产品，这个核心产品几家供应商投的分别是a、b、c、d四个品牌，A1和A2两个公司投的都是a品牌，B公司投b品牌，C公司投c品牌，D公司投d品牌。经评审，没有出现综合得分相同的情况。A1的综合得分最高，A2综合评分第二，B第三，C第四，D第五。按招标文件规定，推荐三名中标候选人。请问，正确的中标候选人排序应该是A1—A2—B还是A1—B—C吗？

答案：根据《政府采购货物和服务招标投标管理办法》（财政部令第87号）规定，A1和A2投标产品为同一品牌，按一家投标人计算，评审后得分最高的同品牌投标人获得中标人推荐资格。A1获得推荐资格，中标候选人排序应为A1—B—C。

85. 评审专家工作单位为排名第一的投标人的子公司，该评审专家是否需回避？

问题：某项目资格预审后，发现一名评审专家工作单位为排名第一名公司的子公司。该评审专家是否可以界定为与投标人有利害关系，应该回避？

答案：根据《政府采购评审专家管理办法》（财库〔2016〕198号），评审专家应该回避的情形为以下三种："（一）参加采购活动前三年内，与供应商存在劳动关系，或者担任过供应商的董事、监事，或者是供应商的控股股东或实际控制人；（二）与供应商的法定代表人或者负责人有夫妻、直系血亲、三代以内旁系血亲或者近姻亲关系；（三）与供应商有其他可能影响政府采购活动公平、公正进行的关系。"评审专家工作单位是投标人的子公司，而不是在投标单位从业，一般认为，不属于法定的需要回避的情形。鉴于该专家的工作单位与投标供应商之间存在较为紧密的关系，实践中，可劝说该专家主动回避该项目的评标活动，重新补抽专家组成评标委员会进行评审。

86. 评审委员会是否可以以外部资料推算技术指标符合评审标准?

问题:评审委员会是否应当以其专业水平或通过查找其他外部资料来推算判断其技术指标符合评审标准?

答案:评审委员会的评审对象是供应商提供的投标文件或响应文件。除非招标文件或采购文件明确规定某些评审内容由评审委员会自行查找(例如通过政府的网站查询供应商信用信息、资质等级等)外,评审委员会不应寻找外部其他证据对供应商进行评审。

87. 如何判断投标人实际投标产品的技术参数是否实质性响应采购需求?

问题:某农药产品的政府采购项目,对芸苔素的采购需求技术参数及规格描述为:有效成分及含量,芸苔素 0.007 5%;剂型:水剂(或可溶液剂);规格:8 克/袋。而投标人实际所投产品的技术参数为:有效成分芸苔素 0.001%;剂型:水剂;规格:10 克/袋。所投产品是否可以认定为满足采购需求?

答案:技术需求如果要求的是特定的数值,则响应必须与特定数值一致才认为符合要求;技术需求如果是某个数值范围,则响应在范围内的才认为符合要求。本案例技术需求是特定的数值,而响应的内容与要求的数值不一致,不符合需求。

当然,在提出采购需求时,为了使更多的供应商能够参与进来,应尽量提出一个范围,而不是某个特定的数值。

88. 政府采购公开招标项目开标后多长时间评标为宜?

问题:政府采购公开招标项目，开标后多久必须进行评标，是否有法律要求?

答案:法律法规对于政府采购项目开标后开始评标的时间没有规定。一般默认为开标后应立即进行评标。

89. 供应商与评审专家相熟，是否应当回避?

问题:地区行业中常见一些当地供应商与专家库中的专家相熟并长期保持联系，项目评标委员会给这些供应商高分以中标，谋取好处，请问采购人该如何选择满意的供应商?

答案:按照财政部发布的《政府采购评审专家管理办法》(财库〔2016〕198号)，评审专家与参加采购活动的供应商有利害关系的，应当主动提出回避。采购人或者采购代理机构发现评审专家与参加采购活动的供应商有利害关系的，应当要求其回避。

如果评审专家与供应商存在利害关系又不主动回避，评审结果无效，采购人可依法重新组建评标委员会进行评审，并将该评审专家的违法情形上报财政部门，由财政部门依法对其作出相应处理。

90. 如何界定供应商的经营范围是否合格?

问题:某政府采购招标项目，招标文件要求供应商的经营范围必须包含该类项目。该项目评标时，评标委员会仔细研究了某供应商的营业执照，无法判断出其经营范围是否包括该类项目。但是该供应商在其业绩证明材料中又提供了类似项目业绩。请问是否可以判断该供应商的资格条件符合招标文件的要求？

答案：判定为该供应商为合格供应商更为合理。主要理由如下：一是凭营业执照中的经营范围描述，不足以断定该供应商超范围经营；二是即便是该供应商确属超范围经营，如对方履约质量合格，合同依然为有效合同，不影响合同效力。

91. 供应商的员工都是不需要缴纳社保的人员，是否符合依法缴纳社保的要求？

问题：《政府采购法》第二十二条规定了供应商参加政府采购应当“有依法缴纳税收和社会保障资金的良好记录”。如果某供应商未缴纳社会保险，并称其员工均为兼职人员或退休返聘人员，也提供了证明材料，认为其依法不用为其员工缴纳社会保险。在此情况下，能认定该供应商具有“依法缴纳社会保障资金的良好记录”吗？

答案：如果供应商的员工都是不需要缴纳社保的人员，供应商提供的证明材料能够证实的，可以认定供应商符合依法缴纳社保的要求。

92.《政府采购竞争性磋商采购方式管理暂行办法》中的报价不足 3 家如何界定？

问题：管理办法中所说的报价不足 3 家的情况是指响应文件中的报价还是最终报价超出预算不足 3 家？

答案：《政府采购竞争性磋商采购方式管理暂行办法》（财库〔2014〕

214 号）中所说的报价不足 3 家的情况是指参加最终报价的供应商数量。

93. 制造商和代理商同时投同一个包件怎么办？

问题：某个货物招标项目在开标时发现制造商和销售代理商都参加了这个项目的投标。招标文件就此情形没有作出规定，请问该如何处理？

答案：如该项目属于工程建设项目货物招标项目，《工程建设项目货物招标投标办法》（国家发展改革委等七部门令第 27 号）第三十二条有类似规定：一个制造商对同一品牌、同一型号的货物，仅能委托一个代理商参加投标，违反上述规定的，相关投标均无效。上述法条虽然禁止的是制造商同时委托多家代理商投标，但其立法目的系为了防止多个投标人就同一品牌、同一型号的货物同时投标，以免对其他投标人造成不公平竞争。因此，针对本例中所称的制造商和代理商同时投标的情形，如提供的产品系同一品牌同一型号，可依据上述规定，在评审阶段对制造商、代理商提交的投标文件分别做否决投标处理。

如该项目属于政府采购货物招标项目，《政府采购货物和服务招标投标管理办法》（财政部令第 87 号）第三十一条规定："采用最低评标价法的采购项目，提供相同品牌产品的不同投标人参加同一合同项下投标的，以其中通过资格审查、符合性审查且报价最低的参加评标；报价相同的，由采购人或者采购人委托评标委员会按照招标文件规定的方式确定一个参加评标的投标人，招标文件未规定的采取随机抽取方式确定，其他投标无效。使用综合评分法的采购项目，提供相同品牌产品且通过资格审查、符合性审查的不同投标人参加同一合同项下投标的，按一家投标人计算，评审后得分最高的同品牌投标人获得中标人推荐资格；评审得分相同的，由采购人或者采购人委托评标委员会按照招标文件规定的方式确定一个投标人获得中标人推荐资格，招标文件未规定的采取随机抽取方式确定，其他同品牌投标人不作为中标候选人。”本项目可依据上述规定对提供相同品牌产品的制造商和销售代理商进行相应处理。

94. 在政府采购招标项目中，发现评审错误只能重新组织招标吗?

问题：某政府采购货物招标项目采用最低评标价法评审。评审结束后，有供应商质疑中标供应商的产品不符合招标文件的实质性要求。经核实，发现系评标委员会评审错误。在仔细对照了《政府采购货物和服务招标投标管理办法》(财政部令第 87 号）规定的重新评审情形后，发现不属于可以重新组织评审的情形。请问在政府采购招标项目中，发现评审错误只能重新组织招标吗?

答案：责令原评标委员会改正错误更为妥当。

《政府采购法实施条例》第七十五条规定：“政府采购评审专家未按照采购文件规定的评审程序、评审方法和评审标准进行独立评审或者泄露评审文件、评审情况的，由财政部门给予警告，并处 2 000 元以上 2 万元以下的罚款；影响中标、成交结果的，处 2 万元以上 5 万元以下的罚款，禁止其参加政府采购评审活动……政府采购评审专家有上述违法行为的，其评审意见无效，不得获取评审费；有违法所得的，没收违法所得；给他人造成损失的，依法承担民事责任。”

《招标投标法实施条例》第七十一条规定：“评标委员会成员有下列行为之一的，由有关行政监督部门责令改正；情节严重的，禁止其在一定期限内参加依法必须进行招标的项目的评标；情节特别严重的，取消其担任评标委员会成员的资格……（三）不按照招标文件规定的评标标准和方法评标……（六）对依法应当否决的投标不提出否决意见……”

依据《招标投标法》第二条规定，我国境内的招标投标活动适用《招标投标法》。因此，政府采购招标项目，应当适用《招标投标法》体系的一般规定和《政府采购法》体系的特别规定。本项目属于政府采购招标项目，可适用《招标投标法实施条例》第七十一条的相关规定，由行政监督部门责令原评标委员会改正评审错误。

此外，如果由于评标委员会的评审错误而重新组织采购活动，这种做法对于采购人、供应商和采购项目本身，都是不太负责的表现，也违背了“谁出错谁承担责任”的归责原则。

95. 交货期未按格式填写是否可以否决？

问题：某货物招标项目招标文件要求的交货期是 30 日历日。评标时发现，有个投标人在投标文件中承诺的是具体的日期，如填写成了“20××年 10 月 12 日”。请问这种情况是否属于实质性响应招标文件要求？可以认定其投标无效吗？

答案：不能简单地判定该投标人未实质性响应招标文件。

建议评标委员会在评审时，对照招标文件规定的合同签订时间、交货期和投标人填报的具体供货日期等相关因素，计算一下该投标人所报的交货日期是否满足招标文件规定的交货期的要求。如经过计算，该投标人所报的交货期满足招标文件的要求，则不应该认定其投标无效。

96. 竞争性磋商项目采购文件雷同是否可以视为串通情形？

问题：某竞争性磋商项目评审时发现有两家供应商提交的技术响应文件很多地方雷同，甚至有几处打字错误也是相同的。由于没有找到相应的法律规定，磋商小组不敢判定上述两家供应商恶意串通，而对其响应文件作出无效响应处理。

请问：类似情况该如何处理？

答案：《政府采购货物和服务招标投标管理办法》（财政部令第 87 号）规定了六种视为串通投标情形，其中就包括了“不同投标人的投标文件异常一致”这种情形。但是，《政府采购货物和服务招标投标管理办法》（财政部令第 87 号）只适用于采用招标方式进行采购的项目。对于采用非招标方式进行采购的项目而言，由于《政府采购法》及其配套法律规范没有对此作出明确规定，上述行为确实存在难以直接定性的尴尬。

为弥补这一硬伤，采购人可以参考《政府采购货物和服务招标投标管理办法》的相关规定，在采购文件中约定视为串通的情形，为项目评审和成交供应商的择优选择提供可供执行的直接依据。

97. 供应商响应文件第一次报价超出预算，是否可以参加下一轮报价？

问题：在竞争性磋商和竞争性谈判项目中如果供应商响应文件中第一次报价超出预算了，还能进行下一轮报价吗？

答案：如果采购文件没有把第一次报价超出预算作为无效响应条款，应当允许供应商参加下一轮报价。

98. 采用竞争性谈判等采购方式需符合哪些规定？

问题：《政府采购非招标采购方式管理办法》（财政部令第 74 号）第三条规定了可以采用竞争性谈判或单一来源的情形，第二十七条又规定了符合相关情形的可以采用竞争性谈判。是不是符合第三条规定的或者符合第二十七条规定的服务、货物或者工程项目都能采用竞争性谈判？还是必须依照《政府采购法》及其实施条例和《政府采购非招标采购方式管理办法》第二十七条的规定，符合相关情形的才能采用竞争性谈判？

答案：《政府采购非招标采购方式管理办法》第三条规定："采购人、采购代理机构采购以下货物、工程和服务之一的，可以采用竞争性谈判、单一来源采购方式采购；采购货物的，还可以采用询价采购方式：（一）依法制定的集中采购目录以内，且未达到公开招标数额标准的货物、服务；（二）依法制定的集中采购目录以外、采购限额标准以上，且未达到公开招标数额标准的货物、服务；（三）达到公开招标数额标准、经批准采用非公开招标方式的货物、服务；（四）按照招标投标法及其实施条例必须进行招标的工程建设项目以外的政府采购工程。"这一条规定本质上是为了赋予采购人对特定项目采购方式选择的自主权。即符合该法条规定的项目，采购人不需要向财政部门报批，就可以根据采购项目的特点选择相应的非招标采购方式。但是，采购人使用这一自主权也不是可以随心所欲的，依然需要对照《政府采购法》及其实施条例和《政府采购非招标采购方式管理办法》中关于竞争性谈判、单一来源采购、询价等采购方式的法定适用情形，方可选择相应的采购方式。当然，如果采购项目的预算达到了公开招标的数额标准，则必须通过财政部门的审批，方可适用相应的非招标采购方式。

99. 采用竞争性谈判方式的政府采购项目，只有两家符合要求的供应商，谈判可否继续进行？

问题：采用竞争性谈判方式的政府采购项目，如果在采购过程中符合要求的供应商只有两家时，竞争性谈判活动能否继续进行？本项目是 PPP

项目，只有两家社会资本符合要求。

答案：根据《政府采购非招标采购方式管理办法》（财政部令第 74 号）第三十七条规定，采用竞争性谈判方式的政府采购项目，除法律规定的除外情形，在采购过程中符合要求的供应商只有两家时，采购人应该终止采购活动，发布项目终止公告并说明原因，重新开展采购活动。采用竞争性谈判方式采购 PPP 项目社会资本的也适用这一规定。

100. 竞争性谈判项目可以要求排名第二的供应商以排名第一的价格成交吗？

问题：某政府采购代理机构代理了某个竞争性谈判项目，最后一轮报价已经截止，在合同谈判阶段，第一成交候选人由于公司人员变动放弃成交，目前该代理机构正在和第二成交候选人进行谈判。现在遇到的问题是：第二成交候选人的报价比第一名高出 6.3 万元。请问可以要求对方变更价格吗？如要求对方以第一成交候选人的价格成交，可以吗？

答案：不可以。

《政府采购非招标采购方式管理办法》（财政部令第 74 号）第三十一条规定："谈判小组所有成员应当集中与单一供应商分别进行谈判，并给予所有参加谈判的供应商平等的谈判机会。"依据这一规定，竞争性谈判项目应给予参加项目竞争的每一个供应商以相同的谈判机会。如果最后一轮报价已经截止，在合同谈判阶段，则不能再与成交候选人进行价格谈判，否则对其他供应商不公平。需要注意的是：本例出现第二成交候选人报价高出第一成交候选人较多的情形，采购人可以依据《政府采购法实施条例》第四十九条有关："中标或者成交供应商拒绝与采购人签订合同的，采购人可以按照评审报告推荐的中标或者成交候选人名单排序，确定下一候选人为中标或者成交供应商，也可以重新开展政府采购活动”的规定，在经过综合权衡以后，选择重新开展采购活动或确定下一候选人为成交供应商。

101. 供应商退出谈判导致投标人不足三家应如何处理？

问题：某政府采购货物招标项目两次招标都出现有效投标不足三家供应商的情形。经财政部门批准，该项目改用竞争性谈判方式进行采购，并邀请参加投标的两家供应商进行谈判。谈判文件发出后，又有一家单位明确表示不参加谈判。请问接下来我们该如何处理？可以与剩余的一家供应商进行谈判吗？

答案：出现这一情况确实比较尴尬，但与剩余的一家供应商进行谈判没有法律依据。

实践中，可依据《政府采购非招标采购方式管理办法》（财政部令第 74 号）第十二条规定，采取采购人和评审专家书面推荐供应商的方式，邀请三家以上的供应商参加谈判，以满足供应商法定数量要求。

102. 投标人投标有效期长于招标文件要求的时间，投标有效性是否受到影响？

问题：某政府采购货物招标项目投标人写的投标有效期长于招标文件要求的时间。请问这个响应是属于优于还是违背招标要求？该怎么处理？反之，如果短于招标文件要求的时间应该怎么处理？

答案：投标人在投标文件中响应的投标有效期如果长于招标文件要求的时间，属于优于招标要求；如果短于招标文件要求的时间，而招标文件又将投标有效期设置为实质性条件，则属于不满足招标文件实质性要求，评标委员会应当否决其投标。

招标文件设置投标有效期的目的，是为了招标人有足够的时间完成开标、评标、定标和合同签订工作。招标文件规定的投标有效期是投标人对投标有效期作出响应的底线，投标人自愿承诺的投标有效期如果多于这个底线，属于优于招标要求，其投标有效性不应受到影响。

103. 政府采购竞争性谈判项目是否必须进行多轮报价?

问题：某政府采购货物项目招标失败后改用竞争性谈判方式。请问竞争性谈判项目必须进行多轮报价吗？像这种招标失败后改为竞争性谈判的项目，也需要进行二次报价吗？

答案：《政府采购法》第三十条规定："符合下列情形之一的货物或者服务，可以依照本法采用竞争性谈判方式采购：（一）招标后没有供应商投标或者没有合格标的或者重新招标未能成立的；（二）技术复杂或者性质特殊，不能确定详细规格或者具体要求的；（三）采用招标所需时间不能满足用户紧急需要的；（四）不能事先计算出价格总额的。"《政府采购非招标采购方式管理办法》（财政部令第74号）第二十七条也有类似规定。

竞争性谈判程序是一种"一边实施采购一边完善采购需求"的程序设计。从谈判程序的设计特点来看，竞争性谈判程序要求多轮报价，应该是针对《政府采购法》第三十条第（二）项和第（四）项规定的"复杂标的"类采购项目而设计的。对于该法条第（一）项情形规定"招标失败"类采购项目而言，可以不需要多轮报价。

104. 单一来源采购中如何避免采购人的被动状态?

问题: 单一来源采购项目要求采购人组织相关专业人员与供应商商定成交价格，但在价格协商谈判中，采购人经常处于被动状态，有何办法可以避免这种情况?

答案: 采购人应在组织协商谈判前，做好市场调研工作，确定价格谈判底线。

《政府采购法》第三十一条规定了单一来源采购项目的三种法定适用情形：一是只能从唯一供应商处采购的；二是发生了不可预见的紧急情况不能从其他供应商处采购的；三是必须保证原有采购项目一致性或者服务配套的要求，需要继续从原供应商处添购，且添购资金总额不超过原合同采购金额百分之十的。

上述三种情形中，可以将第一种情形定性为“真实单一”情形，将第二种、第三种情形归纳为“假性单一”情形。对于属于“真实单一”的采购项目，采购人可设法了解到该供应商提供给其他客户的同一货物或服务售价，以制定价格协商底线；对于属于“假性单一”的采购项目，采购人可事先从市场上了解近期同类产品或服务的成交价格，以制定价格协商底线，进而确定合理的成交价格。

105. 评标委员会停止评标是否妥当?

问题: 某政府采购公开招标项目，有 3 家单位投标，评标委员会在评标开始前发现电脑系统自动检测提示：2 家投标人上传的投标文件出自同一台电脑编制，电脑编码相同。评标委员会以此为理由，不再进行评标。请问评标委员会的做法是否妥当?

答案:评标委员会的做法不妥。

《政府采购法实施条例》第四十条第二款规定:“评标委员会、竞争性谈判小组或者询价小组在评审过程中发现供应商有行贿、提供虚假材料或者串通等违法行为的,应当及时向财政部门报告。”

《政府采购货物和服务招标投标管理办法》(财政部令第87号)第三十六条规定:“投标人应当遵循公平竞争的原则,不得恶意串通,不得妨碍其他投标人的竞争行为,不得损害采购人或者其他投标人的合法权益。在评标过程中发现投标人有上述情形的,评标委员会应当认定其投标无效,并书面报告本级财政部门。”第三十七条规定:“有下列情形之一的,视为投标人串通投标,其投标无效:(一)不同投标人的投标文件由同一单位或者个人编制……”

因此,如果评标委员会在开标后发现投标人存在明显的串通投标行为,应当依法进行认定并否决其投标效力,这属于评标委员会应当依法履行的评标义务,评标委员会不应当回避或者推诿。

本案例中,两家投标人的投标文件出自同一电脑,符合《政府采购货物和服务招标投标管理办法》(财政部令第87号)第三十七条规定的“不同投标人的投标文件由同一单位或者个人编制”的视为投标人串通投标的情形。“视为”属于法律拟制,评标委员会据此应当直接认定这两家投标人串通投标,投标无效。《政府采购法》第三十六条规定:“在招标采购中,出现下列情形之一的,应予废标:(一)符合专业条件的供应商或者对招标文件作实质响应的供应商不足三家的……”鉴于两家投标人的投标被否决后,实质性响应招标文件要求的投标人不足三家,评标委员会可建议招标人对本项目做废标处理。此外,依据相关法律的要求,评标委员会还应当及时向本级财政部门报告本项目出现的串通投标违法行为。

106. 无厂商授权与确定供应商家数有必然联系吗?

问题：某省实施政府采购操作中严格规定，招标文件不能将制造商针对本项目的授权委托设定为供应商资格条件，那么在实际采购中由于没有针对本项目的授权，制造商和代理商都可以参与本项目，而项目单一且型号确定，但《关于多家代理商代理一家制造商的产品参加投标如何计算供应商家数的复函》(财办库〔2003〕38号）规定原则上同一品牌同一型号只能有一家投标人，无厂商授权与采购供应商家数有必然联系吗?

答案：供应商家数的计算与是否要求投标人出具制造厂家授权书是两个不同的问题，两者之间没有必然联系。

《关于多家代理商代理一家制造商的产品参加投标如何计算供应商家数的复函》规定："《政府采购法》实施后，为了避免同一品牌同一型号产品出现多个投标人的现象，应当在招标文件中明确规定，同一品牌同一型号产品只能由一家供应商参加。如果有多家代理商参加同一品牌同一型号产品投标的，应当作为一个供应商计算。"因此，采购人应当在招标文件中载明此规定，从而保证至少有三个不同品牌型号的产品参与竞争。无论采购人是否在招标文件中要求投标人出具制造商授权书，都不影响这个规则的适用。此外，政府采购货物招标项目，出现不同供应商提供相同品牌产品时，可依据《政府采购货物和服务招标投标管理办法》(财政部令第87号）第三十一条的规定处理。

107. 未中标单位的投标文件是否需要保存?

问题：政府采购档案里只留存中标单位的投标书，未中标单位的投标书要保留吗？

答案：《政府采购法》要求保存采购文件资料，没有区分中标单位和未中标单位，但由于招标项目相关投标资料过多，实践中很多单位只保存与合同履约有关的资料，即中标单位的资料，包括投标文件。实际上，在政府采购中，采购文件相关资料应有一定的保存期限，以便备查。

108. 投标人中标后撤销投标文件，采购人应如何处理？

问题：中标人在中标结果公告发布后书面函告采购人，宣布撤销投标文件。采购人应该如何处理？

答案：《政府采购货物和服务招标投标管理办法》（财政部令第 87 号）第二十三条规定，投标有效期内投标人撤销投标文件的，采购人或者采购代理机构可以不退还投标保证金。此外，中标人在中标后宣布撤销投标，本质上系中标后无正当理由不与采购人签订合同，应当依照《政府采购法实施条例》第七十二条的规定追究其法律责任。

109. 政府采购项目中标公告应公布哪些信息？

问题：公开招标的政府采购项目公告中标结果后，未中标的供应商能否要求采购人公布中标供应商所投产品的品牌、规格、技术参数和分项报价？中标供应商以商业机密为由，不同意公布技术参数和分项报价是否合理？

答案：《财政部关于做好政府采购信息公开工作的通知》（财库〔2015〕135 号）规定，采购人应该在中标公告中公布采购人和采购代理机构名称、地址、联系方式；项目名称和项目编号；中标供应商名称、地址和中标金额；主要中标产品的名称、规格型号、数量、单价、服务要求或者标的的基本概况；评审专家名单；招标文件等内容。

依据相关规定，合同标的名称、规格型号、单价及合同金额等内容，不得作为商业秘密，应当予以公开。

110. 政府采购中售后服务合作方提供服务是否属于分包？

问题： 某项目招标文件要求投标人提供本地化售后服务，投标人提供了当地长期售后服务合作方的相关资料作为响应，请问此种行为属于分包吗？

答案： 不属于分包。严格来说，分包是工程项目相对于总包的说法，是指总包单位将一部分合同内容交给其他供应商完成的行为。该项目应属于货物或服务采购项目。本项目中标供货商委托当地合作单位负责售后服务的行为不属于分包，而是属于外协服务行为，该售后服务质量由中标供应商向发包人负责。

111. 采购人要求代理机构作为合同见证方的要求是否合法合理？

问题： 某公司在代理某政府采购项目时，采购人要求该代理机构须作为合同的见证方，在合同上签字盖章。但该代理机构认为，合同签订应该是甲乙双方的事情，《政府采购法》和《合同法》都没有“见证方”的权利义务的要求，因此代理机构无权作为见证方签字盖章。请问采购人要求代理机构作为合同见证方的要求是否合法合理？如果代理机构可以作为见证方，那么依据何法约定“见证方”具有合同中的何种权利义务，承担什么责任？

答案：本题中，采购人与采购代理机构之间签订的是委托代理合同，两者是平等的民事主体，采购代理机构是否可作为合同见证方应在委托代理合同中做出事先约定。

采购人和供应商签订采购合同时将采购代理机构作为合同见证方的做法，不违反有关规定。见证方不对合同本身承担主体责任。但是当采购人和供应商履行合同发生争议时，见证方可以协助解决争议。

112. 政府采购货物和服务项目是否可以收取质量保证金?

问题：根据《关于促进政府采购公平竞争优化营商环境的通知》（财库〔2019〕38 号），货物或服务项目是否可以收取质量保证金？如果不允许收取质量保证金，是否可以延长履约保证金的退还期限？

答案：政府采购货物和服务采购项目没有收取质量保证金的规定，采购人可以考虑收取一定数额的履约保证金。采购人拟设置履约保证金的，应在采购文件中事先规定。履约保证金担保的是供应商的履约效果，如供应商全面履行采购合同规定的义务，并通过了采购人的验收，采购人应及时退还履约保证金，不得无故延迟退还。

113. 合同履行金额超出中标金额的 10%怎么办?

问题：某事业单位去年有一个货物招标项目，预算金额为 380 万元，中标金额是 335 万元。在合同履行完毕后，发现实际履约金额比中标金额多出 35 万元，但没有超过本项目的预算金额。

该超出部分可由该单位自行支付，但该项目履约金额中，超出部分已超过中标金额的 10%。请问可否把该部分内容作为一个新增项目，今年再进行招标采购后支付该笔费用?

答案: 这个方案不妥当。去年已经履行完毕的项目,今年就超支部分再“后补”招标流程的做法,是一种典型的虚假招标行为。

该项目建议采用协商方式解决。如承发包双方达成谅解,将实际支付金额控制在中标金额超出10%以内,可谓是最好的解决办法;如双方不能达成谅解,且确需按照实际履行金额(370万元)支付合同履约金额,建议经办人员如实向有关部门报告。

114. 付款条件是否可以适当修改?

问题: 政府采购活动中,采购人与中标供应商协商草拟合同时,能否对招标文件确定的合同进度款支付条款进行适当修改,比如修改进度款的支付比例,进度款的支付次数等?

答案: 付款条件一般是合同的实质性内容,采购人和中标供应商签订合同时不得改变。

115. 电子政务信息系统政府采购合同内容需要调整怎么办?

问题: 政府投资的电子政务信息系统合同经常发生变更,如何做才能不违反《政府采购法》的相关规定?

答案: 政府采购合同不得变更是指合同的实质性内容不得变更。合同的非实质性内容,例如图纸的交接时间、交货的顺序、产品的标识等内容都是可以在合同签订之后根据履约的进度进行相应的调整。信息系统建设合同也是一样,合同履行时,核心的功能、需求不得变更,非实质内容可以根据项目的实际情况作出一些调整和细化,但不得改变实质内容和合同履约价格。

116. 签订合同时招标人要求提供招标文件以外的资料做附件是否合理？

问题：某政府采购项目，经过所投产品生产制造商的正式授权，在投标文件中已按照招标文件的要求，提供了所投产品节能认证证书以及全部要求提供的证明材料。项目中标后，未签订采购合同时，采购人要求提供招标文件要求以外的资料（如产品检测报告）等作为采购合同的附件，是否可以拒绝？

答案：签订合同时不能够改变投标时的实质性内容。如果投标文件已经明确投标产品通过了检测机构的检测，采购人要求签订合同时附上这个检测报告，这个要求并没有改变投标的实质内容，应该是合理要求，中标人不应该拒绝。

117. 2015 年颁布的《政府采购法实施条例》是否溯及在此之前的采购？

问题：2015 年 3 月 1 日颁布的《政府采购法实施条例》第二十八条关于“以化整为零方式规避公开招标”的认定范围是否可以指导现今对 2013 年、2014 年有关问题的认识？具体来说，如果 2013 年、2014 年的采购行为都能符合在其后颁布的《政府采购法实施条例》的规范，是否就说明该采购行为不属于“以化整为零方式规避公开招标”？

答案：2015 年颁布生效的《政府采购法实施条例》，其法律效力不溯及在此之前已经完成的政府采购活动。但是在实践中，对于何为“化整为零方式规避公开招标”，可参考《政府采购法实施条例》中的相关规定进行判断。

118. 已经招标的项目如何执行《政府采购贫困地区农副产品实施方案》?

问题：《政府采购贫困地区农副产品实施方案》中要求“自 2020 年起，各级预算单位通过网络销售平台全面启动贫困地区农副产品采购工作”，请问 2019 年已经招标的项目，是否需要执行该要求？如食堂食材配送项目在 2019 年已经招标完毕，项目时间为 3 年，那么期间是否要求中标供应商在平台上购买扶贫产品？

答案：如果采购人在实施方案发布前已经完成农副产品的招标采购，且与供应商签订了采购合同，就不应改变已经签订的合同内容。

119. 政府采购货物招标项目，合同履约时发现货物设计错误怎么办?

问题：某预算单位有个货物招标项目，采购内容包含 10 樘门。该项目合同签订后，在安装的时候发现预留的门洞比预期的尺寸大，要装更大尺寸的门，价格也要做相应调增。请问出现这种问题该怎么解决？需要废标后重新组织招标吗？

答案：不需要。

该错误系设计错误，应先测算一下设计变更后增加的成本费用，并和财政部门事先做好沟通。在费用增加不超过 10%的情况下，财政部门一般会依据项目审计意见同意追加相应费用。

120. 政府采购项目结算金额远远超出采购预算怎么办?

问题: 某项目招标时采购量少算了，将来结算时要根据中标单价据实结算。预测下来，据实结算后的总金额，超出原采购预算的30%左右。这个项目可以直接补签合同吗?如何处理比较妥当?

答案: 不能直接补签合同。

《政府采购法》第四十九条规定:“政府采购合同履行中，采购人需追加与合同标的相同的货物、工程或者服务的，在不改变合同其他条款的前提下，可以与供应商协商签订补充合同，但所有补充合同的采购金额不得超过原合同采购金额的百分之十。”本项目追加的采购金额已经远远大于法律的规定，不能适用该规定直接补签合同。否则，财政部门可对超出部分不予支付。

可按如下方式处理:如该项目合同尚未签订，或者合同签订以后尚未开始履行，建议终止合同并妥善处理相关事宜后，重新申请预算并重新组织采购活动;如该项目采购合同已经开始履行，则建议对余下数量的采购标的物，在补充申报预算后另行组织采购。

121. 采购人所属预算级次是按采购人单位属性还是资金拨付的财政部门的层级来确定?

问题: 某中央预算单位政府采购项目，资金来源于地方财政部门。在执行政府采购时若出现投诉，应向财政部投诉还是向地方财政部门投诉?如何理解《政府采购质疑和投诉办法》(财政部令第94号)第六条规定的“供应商投诉按照采购人所属预算级次，由本级财政部门处理”?采购人所属预算级次是按采购人单位属性还是资金拨付的财政部门的层级来确定?

答案：我国财政预算分为中央预算和地方预算。中央预算单位政府采购活动由财政部监管，供应商投诉由财政部处理。地方预算又分为省级、地区级、县级等。对于政府采购活动的投诉分别按照预算单位所属预算级次，由本级财政部门处理。

122. 政府采购中的采购金额如何理解？

问题：《政府采购法》第七十七条中的采购金额应该如何理解？是认定为采购预算金额，还是认定为中标、成交金额？

答案：《政府采购法》第七十七条规定："供应商有下列情形之一的，处以采购金额千分之五以上千分之十以下的罚款，列入不良行为记录名单……" 此处的"采购金额"，应当是指采购项目的预算金额。

123. 暂扣许可证或者执照，是否属于"重大违法记录"？

问题：根据《政府采购法》第二十二条第一款第五项及《政府采购法实施条例》第十九条所称重大违法记录，是指供应商因违法经营受到刑事处罚或者责令停产停业、吊销许可证或者执照、较大数额罚款等行政处罚。请问暂扣许可证或者执照，是否属于"重大违法记录"？

答案：供应商被行政管理部门暂扣许可证或者执照属于重大违法记录。

124. 政府采购中个体工商户属于其他组织还是自然人？

问题：《政府采购法》第二十一条规定，供应商是指向采购人提供货物、工程或者服务的法人、其他组织或者自然人。个体工商户属于其他组织还是自然人？

答案：个体工商户参加政府采购项目，应适用于自然人的相关规定。

125. 除对必要的原件核实外，供应商可以采用电子化方式递交投标文件吗？

问题：《关于促进政府采购公平竞争优化营商环境的通知》（财库〔2019〕38号）中提到“除必要的原件核对外，对于供应商能够在线提供的材料，不得要求供应商同时提供纸质材料”。请问关于这句话应该如何理解与执行？是指只要互联网上能查到的资料（如营业执照、ISO等相关的资质证书），供应商都可以不用提交纸质材料吗？

答案：“除必要的原件核对外，对于供应商能够在线提供的材料，不得要求供应商同时提供纸质材料”的意思是：采用电子化方式递交投标文件的，采购人不得再要求供应商同时提供纸质材料。但是，采购人或评标委员会可以对一些证照的原件进行核实，如暂时无法从电子平台上查询到业绩合同等材料，可以要求供应商携带原件备查。

126. 中标供应商放弃中标资格并拒签合同，如何处理？

问题：中标公告发布后，中标供应商放弃中标资格，不与采购人（公办学校）签订合同，按照《政府采购法》第七十七条的规定，采购人或其预算管理部门（教育局）能否独自对该供应商进行罚款处理？还是必须向财政部上报后，由财政部门进行处理？

答案：预算单位无权对供应商进行罚款，对供应商的行政处罚应由财政部门实施。本例采购人应向财政部门反映供应商的违法行为。

127. 招标文件没有不合理条款应由谁负责界定?

问题: 某政府采购货物招标项目，因有效投标不足三家而废标。《政府采购货物和服务招标投标管理办法》(财政部令第 87 号) 第四十三条第一款第二项规定:“招标文件没有不合理条款、招标程序符合规定，需要采用其他采购方式采购的，采购人应当依法报财政部门批准。”招标文件没有不合理条款是由谁负责界定?

答案: 《政府采购非招标采购方式管理办法》(财政部令第 74 号) 第二十八条规定:“符合本办法第二十七条第一款第一项情形和第二款情形，申请采用竞争性谈判采购方式时，除提交本办法第五条第一至三项规定的材料外，还应当提交下列申请材料:……(三) 评标委员会或者 3 名以上评审专家出具的招标文件没有不合理条款的论证意见。”依据这一规定，招标文件是否无不合理条款，可由评标委员会或 3 名以上的评审专家进行论证，并出具论证意见。

128. 纪检监察机关对与招标投标活动相关主体实施监察是否合法?

问题: 现在一些地方的纪检监察部门要求当地公共资源交易中心评标区的监控要与纪检监察部门后台监控实时对接，这样一来，评标区评标现场的所有情况便可能在评标过程中就出现泄露。纪检监察部门的这种做法是否合法? 如不合法，政府采购监管部门应当怎么做?

答案: 《招标投标法实施条例》规定，监察机关依法对与招标投标活动有关的监察对象实施监察。因此，纪检监察机关执行监督执法工作中要求提供相关资料，有关方面应该配合。

129. 招标文件发出至投标截止之日少于20日，能否向采购人或代理机构提出质疑？

问题：招标文件发出至投标截止之日不足20日可以举报吗？怎么举报？

答案：该情形属于违反《政府采购法》的行为，应首先向采购人或采购代理机构提出质疑。如果采购人或采购代理机构对质疑不予处理或者答复不满意，可以向当地财政部门投诉。

130. 下设机构所作业绩证明是否有效？

问题：某政府采购项目在招标文件业绩评分条款中要求：业绩证明材料须加盖委托单位公章。评审时，一供应商填写的业绩委托单位是某市行政管理局，而该业绩证明资料中加盖的公章则是该行政管理局下属的某科室。评审专家对该业绩不予认可，理由是委托单位与加盖公章的不是同一个主体。目前该供应商已就此事提出质疑。请问该意见是否合理？

答案：应认同评审专家的认定意见。

本项目招标文件中要求加盖委托单位的公章，投标人提交的材料加盖的是该委托单位下设机构的公章，而不是委托单位自己的公章。从严格意义上说，下设机构的意见不能代替委托单位的意见，除非委托单位对此另有授权或出具相关证明材料认同该意见即代表委托单位的意见。

131. 采购代理机构能否处理质疑、投诉？是否必须有采购人的授权？

问题：采购代理机构能否处理质疑、投诉？是否必须有采购人的授权？

答案： 根据《政府采购法》，采购人可以委托采购代理机构办理政府采购事宜。但是，采购代理机构不得超越委托范围办理政府采购事宜。如果采购人委托范围包括了处理质疑，采购代理机构就有责任处理质疑。作为供应商，并不了解采购人的委托范围是否包括处理质疑，但是供应商向采购代理机构提出质疑是没有错误的。如果采购人委托范围不包括处理质疑或者质疑事项超出了委托范围，采购代理机构应当告知供应商向采购人提出质疑。如果采购人在委托合同中没有包括处理质疑，而是出现质疑后又希望由采购代理机构处理，可以修改委托合同，也可以不修改委托合同，但是需单独向采购代理机构出具授权书，授权其代理处理质疑事项。

根据《政府采购法》，政府采购项目的投诉由财政部门负责处理。采购人和采购代理机构的责任只是按照财政部门的要求，提供相关证明材料，配合财政部门处理。采购代理机构配合财政部门处理投诉是法定的义务，不需要采购人在委托合同中进行约定。

132. 供应商断货是否属于重大违法记录？

问题： 某政府采购项目评标结束后，有供应商质疑第一中标候选人在其他采购合同的履行过程中，曾出现过货物断供现象，致使采购人的正常工作进度受到严重影响。质疑书称该行为属于重大违法记录，其投标应被做无效投标处理。请问，该中标候选人的行为是否属于重大违法记录？

答案：《政府采购法实施条例》第十九条规定：“政府采购法第二十二条第一款第五项所称重大违法记录，是指供应商因违法经营受到刑事处罚或者责令停产停业、吊销许可证或者执照、较大数额罚款等行政处罚。”对照法律的相关规定，该供应商的不良履约行为不属于重大违法记录。

133. 询问和质疑有何区别？

问题：《政府采购法》及《政府采购法实施条例》规定了供应商可以向采购人或其委托的代理机构提出询问或质疑。对于采购人和采购代理机构来说，法律规定询问和质疑都应当在法定期限内答复，但询问和质疑的法定答复期限不同。请问，询问和质疑到底有什么区别？是不是口头提出的就是询问，而书面提交的就是质疑？

答案：《政府采购法》及《政府采购法实施条例》要求供应商应当以书面形式提出质疑，但对询问是否必须采用书面形式没有规定。因此，供应商既可能用口头形式提出询问，也可能以书面形式提出询问。

如供应商向采购人或采购代理机构出具书面质询函，而该函件的性质，到底应该定性为“询问函”还是“质疑函”，确实容易混淆。实践中，也有供应商把“询问函”与“质疑函”混用，给采购人或采购代理机构依法作出答复带来困惑。

《政府采购法》第五十一条规定：“供应商对政府采购活动事项有疑问的，可以向采购人提出询问，采购人应当及时作出答复，但答复的内容不得涉及商业秘密。”第五十二条规定：“供应商认为采购文件、采购过程和中标、成交结果使自己的权益受到损害的，可以在知道或者应知其权益受到损害之日起七个工作日内，以书面形式向采购人提出质疑。”从上述两个法条的规定来看，询问的目的是为了解决疑惑，而质疑的目的是为了维权。因此，区分询问还是质疑，关键不在其提出的形式是书面形式还是口头形式，而在于其内容。

如果供应商提交的书面函件的内容只是咨询、了解相关情况，并不涉及其自身主张和诉求，则该函件可被认为是询问函；如果该函件的内容中，有提及供应商自身合法权益受到损害，要求采购人改正错误等方面的表述，则该函件属于质疑函。一般情况下，质疑函中往往会含有供应商主张权利方面的内容，这点是询问函所不具备的。

134. 超过质疑期的质疑函怎么处理？

问题：某政府采购货物招标项目，评标结束后有一家供应商对招标文件的内容提出质疑，并要求采购人重新招标。根据《政府采购法》规定，供应商应在知道或者应知其权益受到损害之日起七个工作日内提出质疑。请问对于超出法定质疑期的质疑应该如何处理？

答案：《政府采购质疑和投诉办法》（财政部令第 94 号）第十三条规定："采购人、采购代理机构不得拒收质疑供应商在法定质疑期内发出的质疑函，应当在收到质疑函后 7 个工作日内作出答复，并以书面形式通知质疑供应商和其他有关供应商。"

该法条规定采购人或采购代理机构不得拒收供应商在法定质疑期限内提出的质疑，但未就超出法定质疑期的项目如何处理作出规定。该法条的立法本意，应理解为超过法定质疑期的质疑函，采购人或采购代理机构可以拒收。

为稳妥起见，在招标采购实践中，采购人或采购代理机构可以在接收到该质疑函后，向质疑人出具一份质疑处理意见书，书面说明本质疑函不予受理的理由和原因。

135. 利害关系人对质疑处理结果不服如何实施救济？

问题：某政府采购项目评审结束后，供应商甲公司被确定为中标人，供应商乙公司向采购人提出质疑。经采购人调查，质疑事项属实。采购人遂改变了中标结果并通知甲公司。甲公司对此不服。请问甲公司是否可以直接向财政部门投诉?

答案:《政府采购质疑和投诉办法》(财政部令第 94 号)第十条规定:"供应商认为采购文件、采购过程、中标或者成交结果使自己的权益受到损害的,可以在知道或者应知其权益受到损害之日起 7 个工作日内,以书面形式向采购人、采购代理机构提出质疑。"

根据《政府采购法》第五十二条和《政府采购质疑和投诉办法》的相关规定,质疑是投诉的法定前置环节。供应商认为自己的权益受到损害时,应当先向采购人或采购代理机构提出质疑,然后再向政府采购监管部门进行投诉。

136. "项目管理成员"具体指哪些人员,主要负责什么工作,是否有判断标准?

问题:请问《政府采购货物和服务招标投标管理办法》(财政部令第 87 号)第三十七条(三)中的"项目管理成员"具体指哪些人员,主要负责什么工作,是否有判断标准?

答案:《政府采购货物和服务招标投标管理办法》第三十七条第(三)项是关于可视同为投标人串通投标的情形。"不同投标人的投标文件载明的项目管理成员或者联系人员为同一人"中的项目管理成员通常是指项目负责人、项目经理、授权代表等在项目中承担管理职责的人员。

137. 财政部门是否可以直接对违法行为作出处罚?

问题:某财政部门在政府采购检查中发现有些单位擅自直接采购达到

限额标准的货物和服务项目，没有按照《政府采购非招标采购方式管理办法》（财政部令第 74 号）的规定执行。

请问对于上述违法行为，该财政部门可以对违法单位直接出具行政处罚决定书吗？还是要先告知涉案单位？

答案：行政机关在作出行政处罚决定前，应当先履行告知程序。

《中华人民共和国行政处罚法》（以下简称《行政处罚法》）第三十一条规定："行政机关在作出行政处罚决定之前，应当告知当事人作出行政处罚决定的事实、理由及依据，并告知当事人依法享有的权利。"

行政机关在作出行政处罚前，告知程序是必经程序。实施行政处罚，无论是适用简易程序，还是适用一般程序，都必须事先告知当事人。内容包括告知当事人其违法事实、对其给予行政处罚的理由和所依据的法律、法规；告知当事人其依法享有的陈述、申辩、申请复议、提起诉讼、请求行政赔偿等权利。

法律要求行政机关在作出行政处罚决定前履行告知义务，是保障当事人享有的告知权利的需要。如果行政机关未依法履行告知程序，则涉嫌违反《行政处罚法》。

138. 如何追究皮包公司的恶劣行为？

问题：某皮包公司参与政府采购项目，其营业执照的经营范围很广，手中没有相应货物仍去报名参加大量的政府采购项目，报名后期得到好处费再退出，或中标后再联系提供产品较差的货物，应如何追究其恶劣行为？

答案：皮包公司是指没有固定的经营场所和履行合同所必需的设备和专业技术能力的公司。这类公司不符合《政府采购法》中第二十二条规定的供应商资格条件，应该在资格审查时不予通过。如果皮包公司已经中标又不履行合同或在履行合同时以次充好，可以报告财政部门。财政部门应按照《政府采购法实施条例》第七十二条规定，对其处以采购金额5‰的罚款，并列入不良行为记录名单。

139. 政府采购邀请招标项目可以不抽取供应商吗？

问题：某政府采购货物邀请招标项目，采用发布资格预审公告方式征集供应商。为扩大竞争，采购人想在采购文件中规定，让所有通过资格审查的供应商均参加投标。请问邀请招标项目必须要有随机抽取供应商这个环节吗？是否可以不抽取3家供应商，而让所有符合资格条件的供应商都参加投标竞争？

答案：可以不抽取供应商。

《政府采购法》第三十四条规定："货物或者服务项目采取邀请招标方式采购的，采购人应当从符合相应资格条件的供应商中，通过随机方式选择三家以上的供应商，并向其发出投标邀请书。"《政府采购货物和服务招标投标管理办法》（财政部令第87号）第十四条第一款规定："采用邀请招标方式的，采购人或者采购代理机构应当通过以下方式产生符合资格条件的供应商名单，并从中随机抽取3家以上供应商向其发出投标邀请书：（一）发布资格预审公告征集；（二）从省级以上人民政府财政部门（以下简称财政部门）建立的供应商库中选取；（三）采购人书面推荐。"

《政府采购法》和《政府采购货物和服务招标投标管理办法》的上述表述，隐含了一个前提，即"如采购人拟邀请供应商的家数小于合格供应商家数的，则须采用随机方式选择三家以上供应商。"在政府采购邀请招标活动中，如不存在这一隐含前提的，比如采购文件中规定拟邀请的供应商家数大于实际通过资格审查的供应商家数，或者采购人拟全数邀请所有符合资格条件的供应商参加投标的，则无须再采用随机抽取的方式。

140. 单位负责人为同一人或者存在直接控股、管理关系的两家供应商参与同一政府采购活动是否合规?

问题：《政府采购法实施条例》第十八条规定："单位负责人为同一人或者存在直接控股、管理关系的不同供应商，不得参加同一合同项下的政府采购活动。"如果在资格审查的时候，发现了有两家供应商存在《政府采购法实施条例》第十八条的情形，如何判定哪家可以参加?

答案：如果是在投标前资格预审时发现这样的情况，可告知供应商只能有一家参加投标。如果是在投标后的资格审查中发现这样的情况，两家供应商都应以无效投标处理。

二、机电产品国际招标

141. 《机电产品国际招标投标实施办法（试行）》（商务部令2014年第1号）的附件1"机电产品范围"是否等同于依法必须进行招标的机电产品范围?

问题：《机电产品国际招标投标实施办法（试行）》的附件1"机电产品范围"是否等同于依法必须进行招标的机电产品范围?

答案：两者不等同。机电产品范围与依法必须进行招标的机电产品范围是两个不同的概念。

《机电产品国际招标投标实施办法（试行）》附件1“机电产品范围”是对《机电产品国际招标投标实施办法（试行）》第二条第三款“本办法所称机电产品，是指机械设备、电气设备、交通运输工具、电子产品、电器产品、仪器仪表、金属制品等及其零部件、元器件”的具体范围列示，其目的是从招标标的物分类的角度根据海关商品编号对机电产品类别进行范围界定；而依法必须进行招标的机电产品范围由《机电产品国际招标投标实施办法（试行）》第六条规定，凡属于第六条（一）至（六）项规定的通过招标方式采购原产地为中国关境外的机电产品情形之一的，均应依法进行国际招标。

142. 国际承包工程需要在国外进行机电产品国际招标时，是否适用《机电产品国际招标投标实施办法（试行）》（商务部令2014年第1号）？

问题：请问国际承包工程需要在国外进行机电产品国际招标时，是否适用《机电产品国际招标投标实施办法（试行）》（商务部令2014年第1号）？

答案：《招标投标法》第二条规定：“在中华人民共和国境内进行招标投标活动，适用本法。”《机电产品国际招标投标实施办法（试行）》第二条规定：“在中华人民共和国境内进行机电产品国际招标投标活动，适用本办法。”

因此，《机电产品国际招标投标实施办法（试行）》的地域调整范围与其上位法《招标投标法》是完全一致的，仅限于境内进行的招标投标活动。在国外进行的机电产品国际招标活动需要遵从当地的相关法律，不适用《机电产品国际招标投标实施办法（试行）》。此外，在港澳台地区进行的机电产品国际招标具有特殊性，也不属于《机电产品国际招标投标实施办法（试行）》的调整范围。

143. 机电产品国际采购不招标的金额标准如何界定?

问题:《机电产品国际招标投标实施办法(试行)》(商务部令2014年第1号)中对可以不进行招标的项目进行了说明,其中第七条第(三)项规定:“单项合同估算价在国务院规定的必须进行招标的标准以下的。”但是并没有找到国务院对可不招标的单项合同估算价是如何规定的,仅在《机电产品国际招标投标实施办法》(商务部令2004年第13号)(已废止)中找到“一次采购产品合同估算价格在100万元人民币以下的”这一规定。请问如何判定现行的金额标准?

答案:因《机电产品国际招标投标实施办法(试行)》起草时,国家发展改革委也在同步主持修改强制招标的范围和规模标准,为了避免与上位法产生冲突,《机电产品国际招标投标实施办法(试行)》就没有具体规定强制招标的单项合同估算价标准,而是直接指向了上位法的相关规定。

目前依法必须进行招标的机电产品国际招标项目规模标准应按照《必须招标的工程项目规定》(国家发展改革委令第16号)的规定执行,其第五条规定:“本规定第二条至第四条规定范围内的项目,其勘察、设计、施工、监理以及与工程建设有关的重要设备、材料等的采购达到下列标准之一的,必须招标:……(二)重要设备、材料等货物的采购,单项合同估算价在200万元人民币以上……”

144. 某投标人提交的开标一览表出现两个选择性报价,是否可以继续参加开标?

问题:在某机电产品国际招标项目开标过程中,招标代理机构发现某投标人提交的开标一览表中报了两个选择性报价。该投标人是否可以继续参加开标？招标代理机构可否当场宣布否决其投标？

答案：该投标人可以继续参加开标，招标代理机构不能当场宣布否决其投标。

《招标投标法》第三十六条第二款规定："招标人在招标文件要求提交投标文件的截止时间前收到的所有投标文件，开标时都应当当众予以拆封、宣读。"因此，除了《招标投标法实施条例》第三十六条第一款规定的未通过资格预审、逾期送达或者不按照招标文件要求密封的法定拒收情形外，招标人都应当接收投标文件并进行公开开标。

《招标投标法实施条例》第五十一条规定："有下列情形之一的，评标委员会应当否决其投标：……（四）同一投标人提交两个以上不同的投标文件或者投标报价，但招标文件要求提交备选投标的除外……"《机电产品国际招标投标实施办法（试行）》（商务部令 2014 年第 1 号）第二十一条第（四）项规定："招标文件应当明确规定不接受选择性报价或者附加条件的报价。"因此，该投标人报出两个选择性报价，其投标应当被否决。但是，否决投标属于评标工作范畴，而评标工作依法应当由评标委员会负责，招标代理机构无权在开标现场宣布否决投标，只能客观、如实公布投标人的报价情况。

145. 计算进口关税时是否考虑供货范围的偏离？

问题：计算进口关税时 CIF 的价格基数应当是算术修正和供货范围偏离调整后的价格，还是只是计算修正后的价格即可，不用考虑供货范围的偏离？

答案：计算进口环节税时，CIF 价格基数是算术修正后的投标价，不应考虑供货范围偏离。

146. 同一制造商有两家代理商同时投一个标，投标人数量该如何判定？

问题：某机电产品国际招标项目有 4 家代理商投标，分别代理了 3 家制造商，其中有一家制造商有两家代理商，这两家代理商都有该制造商的合法授权，评议阶段 4 家投标人都评议合格。采用最低评标价法正确的评议方式是应该按评标价格来评议授标，还是应该要求该制造商必须指定其中一家代理商为合法授权呢？如果两家代理商代理的是同一家制造商的产品，按一家投标人认定，是只能选其中一家进行后续评审，还是可以对两家代理商分别独立评议？

答案：《机电产品国际招标投标实施办法（试行）》（商务部 2014 年第 1 号令）第四十六条第三款规定："认定投标人数量时，两家以上投标人的投标产品为同一家制造商或集成商生产的，按一家投标人认定。"因此这两家代理商在认定投标人数量时，应当按一家投标人认定。但这个规则仅适用于开标时对投标人数量的认定，如果认定后的投标人数量满足 3 家以上的条件，则后续评审不受影响，不应再要求制造商指定其中一家代理商，评标委员会也无须选择其中一家代理商进行后续评审。正确的评标做法是评标委员会对这两家代理商分别进行独立评审，因为两家代理商的投标是独立的。

147. 投标报价有附加条件如何处理？

问题：某机电产品国际招标项目投标人在开标一览表中声明："若投标

当天，美元汇率高于6.835，该公司承诺投标报价相应调低，调整后的投标报价=原投标报价-(开标当日零点汇率-6.835)/开标当日零点汇率×原投标价”，请问评标时如何处理?

答案：这个声明属于有附加条件的报价，评标委员会应否决其投标。《招标投标法实施条例》第五十一条规定：“有下列情形之一的，评标委员会应当否决其投标：……（四）同一投标人提交两个以上不同的投标文件或者投标报价，但招标文件要求提交备选投标的除外……”《机电产品国际招标投标实施办法（试行）》（商务部令2014年第1号）第二十一条第（四）项规定：“招标文件应当明确规定不接受选择性报价或者附加条件的报价。”根据上述法规及《机电产品国际招标标准招标文件（试行）》（第一册）第一章第11.4条“本次招标不接受选择性报价或者有附加条件的报价”的规定，评标委员会应否决其投标。

148. 招标人在签订合同时核减招标文件以外的内容是正确的做法吗?

问题：《机电产品国际招标投标实施办法（试行）》（商务部令2014年第1号）第六十条规定“投标总价中包含的招标文件要求以外的产品或服务，在评标时不予核减”是何目的?但中标后，在签订合同时予以核减是正确的做法吗?

答案：投标文件应当全面响应招标文件的要求，原则上投标总价中不得包含招标文件要求以外的内容，否则，在评标时不予核减。评标阶段不予核减只是为了杜绝投标人的投机行为，属于一种惩罚性的评标准则。因为开标后所有投标人的报价都已公开，如果允许投标人核减招标文件以外的内容，相当于给予其二次报价的机会，对其他投标人有失公平。

但是如果该投标人中标，招标人有权核减超出招标文件的部分内容。

149. 未参加联合体投标的子公司能否参与合同履行？

问题： 某机电产品国际招标项目，A 公司与 B 公司组成联合体投标并附联合体投标协议中标，C 公司（A 公司在国内的全资子公司）作为其中一家分货商，未参与联合体投标协议。现招标人希望中标通知书抬头写三家的名字，便于向 C 公司付款。这种做法是否正确？是否有办法解决？

答案： 这种做法不妥。

《招标投标法》第四十六条规定："招标人和中标人应当自中标通知书发出之日起三十日内，按照招标文件和中标人的投标文件订立书面合同。招标人和中标人不得再行订立背离合同实质性内容的其他协议。"第三十一条第三款规定："联合体各方应当签订共同投标协议，明确约定各方拟承担的工作和责任，并将共同投标协议连同投标文件一并提交招标人。联合体中标的，联合体各方应当共同与招标人签订合同，就中标项目向招标人承担连带责任。"

因此，该项目的中标结果、中标通知书以及中标合同的主体应当保持一致，即 A、B 两家公司组成的联合体中标后，中标通知书上的中标人应当为 A、B 两家公司组成的联合体。此外，C 公司可以作为中标联合体的商务代理进入中标合同，并约定其履行的合同义务。

150. 退休后的评标专家如何界定是否"来自同一法人单位"？

问题： 某机电产品国际招标项目抽取到的评标专家中，甲专家已从 A 公司退休 5 年，但 A 公司现已更名为 B 公司，乙专家也已从 B 公司退休 1 年。这种情况下，甲、乙两个专家是否属于《机电产品国际招标投标实施办法（试行）》（商务部令2014年第1号）所限制的“来自同一法人单位”情形呢？

答案： 这种情况不属于《机电产品国际招标投标实施办法（试行）》所限制的“来自同一法人单位”情形。

《机电产品国际招标投标实施办法（试行）》第五十一条规定：“依法必须进行招标的项目，机电产品国际招标评标所需专家原则上由招标人或招标机构在招标网上从国家、地方两级专家库内相关专业类别中采用随机抽取的方式产生……同一项目包评标中，来自同一法人单位的评标专家不得超过评标委员会总人数的1/3。”此条规定中限制同一法人单位的评标专家比例的目的是避免产生过于集中的倾向性评标意见。但是，“来自同一法人单位”的含义仅限于单位的在职人员，不包括已退休人员。因此，已退休专家不受此条规定限制。

151. 投标人没有在招标网注册，是否可以中标？

问题： 某机电产品国际招标项目，投标人没有在招标网注册，是否可以中标？

答案： 投标人未完成招标网注册的，不能中标。

《机电产品国际招标投标实施办法（试行）》（商务部令2014年第1号）第三十八条规定：“投标截止时间前，投标人未在招标网完成注册的不得参加投标，有特殊原因的除外。”此外，《机电产品国际招标标准招标文件（试行）》（第一册）第一章第2.8条亦约定投标人应当于招标文件载明的投标截止时间前在招标网完成注册，否则，投标人将不能进入招标程序，由此产生的后果由其自行承担。

因此，除非有特殊原因（如发生不可抗力），投标人因自身原因未能于投标截止时间前完成注册，只能自行承担不利后果，其投标无效，不能中标。

152. 招标人是否可以直接取消中标资格?

问题：某机电产品国际招标项目，中标人以要与制造商签订“背靠背”合同为由，将制造商加入合同谈判中，但要求将“无法取得出口许可证甲方有权要求赔偿”的条款删掉，并增加“非卖方原因无法取得出口许可证为不可抗力”条款。因当时投标人在投标文件中响应了“应取得出口许可证”这一条款，而且出于对招标人及进口代理权利的保护，招标人不同意这些修改。距离中标通知书发出已经有两个多月了，招标人决定取消中标人中标资格。请问由招标人单位直接向投标人发出取消中标资格通知妥当吗?

答案：作为招标人，在中标人符合取消中标资格的法定条件下，可以直接向中标人发出取消中标资格的通知，并建议同时向行政监督部门（主管机电办）报告中标人的违法行为。

《招标投标法》第四十五条第二款规定：“中标通知书对招标人和中标人具有法律效力。中标通知书发出后，招标人改变中标结果的，或者中标人放弃中标项目的，应当依法承担法律责任。”第四十六条规定：“招标人和中标人应当自中标通知书发出之日起三十日内，按照招标文件和中标人的投标文件订立书面合同。”

《招标投标法实施条例》第七十四条规定：“中标人无正当理由不与招标人订立合同，在签订合同时向招标人提出附加条件，或者不按照招标文件要求提交履约保证金的，取消其中标资格，投标保证金不予退还。对依法必须进行招标的项目的中标人，由有关行政监督部门责令改正，可以处中标项目金额10‰以下的罚款。”

中标人在签订合同时向招标人提出附加条件，没有正当理由未在法定时限内与招标人签订中标合同，可以视为中标人放弃中标项目，根据《招标投标法》第四十五条的规定，应当由中标人承担法律责任。招标人可以依据《招标投标法实施条例》第七十四条的规定取消其中标资格，向其发出取消中标资格通知，且不退还其投标保证金，但应当注意保留中标人在签订合同时向招标人提出附加条件的充分证据。此外，建议招标人同时向行政监督部门报告中标人的违法行为，行政监督部门可视情节对其作出相应的行政处罚。

153. 机电产品国际招标项目，如果招标人设置最高投标限价，是否应当按照不同的报价方式分别设置不同的最高投标限价？

问题：某机电产品国际招标项目，招标文件要求关境内货物的投标报价方式为DDP项目现场，关境外货物的投标报价方式为CIF厦门港，如果招标人设置最高投标限价，是否应当按照不同的报价方式分别设置不同的最高投标限价？

答案：鉴于机电产品国际招标竞争范围的特殊性，投标产品可能来源于关境内，也可能来源于关境外。为保证公平公正，计算评标价时应当依据《机电产品国际招标投标实施办法（试行）》（商务部令2014年第1号）第二十一条第（十一）项的规定，将货到项目现场的综合成本作为统一评价标准，即“关境外产品为：CIF价＋进口环节税＋国内运输、保险费等（采用CIP、DDP等其他报价方式的，参照此方法计算评标总价）；其中投标截止时间前已经进口的产品为：销售价（含进口环节税、销售环节增值税）＋国内运输、保险费等。关境内制造的产品为：出厂价（含增值税）＋消费税（如适用）＋国内运输、保险费等”。同理，招标人在设置最高投标限价时，也没有必要针对关境内产品和关境外产品设置不同限价。招标人可以以货到项目现场的综合成本为标准设置统一的最高投标限价。评审时，如关境内货物的报价方式为DDP，已经包含了货到项目现场综合成本，则可以直接与最高投标限价进行比较；而关境外货物在CIF厦门港的基础上，需另行加上进口环节税和国内运杂费作为综合成本测算标准，与最高投标限价进行比较判断，以充分体现公平公正原则。

154. 能否对进口产品报价价格术语做强制性要求？

问题：请问国际招标项目中，能否对进口产品报价价格术语做强制性要求？如要求进口产品须报DAP价格，以其他术语报价是否无效？

答案：招标文件可以对投标报价贸易术语设定强制性要求。

编制招标文件是招标人的法定权利。《招标投标法》第十九条规定："招标人应当根据招标项目的特点和需要编制招标文件。招标文件应当包括招标项目的技术要求、对投标人资格审查的标准、投标报价要求和评标标准等所有实质性要求和条件以及拟签订合同的主要条款。"第二十七条规定："投标人应当按照招标文件的要求编制投标文件。投标文件应当对招标文件提出的实质性要求和条件作出响应。"因此，招标人可以对投标报价设定实质性要求，投标人也有义务对招标文件的实质性要求作出响应。

《机电产品国际招标投标实施办法（试行）》（商务部令2014年第1号）第二十一条规定："招标文件的编制应当符合下列规定：（一）对招标文件中的重要条款（参数）应当加注星号（'＊'），并注明如不满足任一带星号（'＊'）的条款（参数）将被视为不满足招标文件实质性要求，并导致投标被否决……"因此，以将本项目进口产品须按照DAP贸易术语进行报价的要求列为重要商务条款（加注"＊"号），投标人如果不按DAP贸易术语报价，评标委员会应当否决其投标。

155. 机电产品国际招标项目中，招标人可否把“中标合同适用中国法律”设置为“*”号条款？

问题：机电产品国际招标项目中，招标人可否把“中标合同适用中国法律”设置为“*”号条款？

答案：招标人可以将“中标合同适用中国法律”设置为“*”号条款。

编制招标文件是招标人的法定权利。在不违反法律强制性规定的前提下，招标人可以在招标文件中自主设定实质性条款。《机电产品国际招标投标实施办法（试行）》（商务部令 2014 年第 1 号）第二十一条第一款规定：“招标文件的编制应当符合下列规定：（一）对招标文件中的重要条款（参数）应当加注星号（‘*’），并注明如不满足任一带星号（‘*’）的条款（参数）将被视为不满足招标文件实质性要求，并导致投标被否决……”因此，招标人可以在招标文件中明确约定“中标合同适用中国法律”为重要商务条款（“*”号条款），投标人如不能响应该条款将导致其投标被否决。

156. 能否在市场调研阶段签署保密协议？

问题：请问机电产品国际招标的招标人能否在招标公告发布之前的市场调研阶段与某一供应商签署针对本次招标设备技术资料和技术方案获取的保密协议？

答案：虽然在市场调研阶段，法律法规对此种做法并没有严格限制。但是，保密协议的内容不得影响后续招标的公平、公正性，比如存在招标人对潜在投标人有违公平、公正的不当承诺等，以避免串标嫌疑。

157. 领购招标文件的潜在投标人不足 3 个能否重新招标并修改技术参数?

问题: 某设备国际招标项目，招标文件发售期明天就到期了，如果领购招标文件的潜在投标人不足 3 个，招标人能否在重新进行招标时直接修改技术参数，而不发布澄清公告呢?

答案: 在此情形下，招标人可以重新招标并修改需求，但问题是重新招标可能花费更长的时间，从而影响项目工期。如果招标人希望一次招标取得成功，更为务实的做法是：第一，核查招标文件出售时间是否较短，如时间较短，可发布更正公告，延长招标文件发售时间；第二，同步核查招标文件中资格、技术等要求是否存在不合理的条款，如存在，应立即修改招标文件，优化采购需求，并及时依法发布变更公告并顺延投标截止日期，争取满足 3 个以上投标人参加投标竞争。

158. 机电产品国际招标投标人少于 3 家可否开标?

问题: 请问使用国内资金的机电产品国际招标项目，如果投标人少于 3 家，可以开标吗?

答案: 机电产品国际招标项目，投标人少于 3 家应当分两种情况处理：

1. 第一次招标时投标人少于 3 家，招标人不得开标；依法必须进行招标的项目应当重新招标。

2. 重新招标时投标人仍然少于 3 家，招标人可以选择对 2 家或者 1 家投标人继续开标评标，也可以选择不再招标。其中，需要审批或核准招标方案的项目，招标人应当报立项主管部门批准后不再招标；其他项目招标人可以自行决定不再招标。

《机电产品国际招标投标实施办法（试行）》（商务部令2014年第1号）第四十六条第二款规定："投标人少于3个的，不得开标，招标人应当依照本办法重新招标；开标后认定投标人少于3个的应当停止评标，招标人应当依照本办法重新招标。重新招标后投标人仍少于3个的，可以进入两家或一家开标评标；按国家有关规定需要履行审批、核准手续的依法必须进行招标的项目，报项目审批、核准部门审批、核准后可以不再进行招标。"

招标人确定不再招标后，可以采取谈判、磋商、直接签约等其他方式进行采购。

159. 机电产品国际招标项目综合评价法的分项评分如何设置?

问题：《机电产品国际招标综合评价法实施规范（试行）》（商产发〔2008〕311号）第十三条规定："综合评价法应当明确规定评标委员会成员对评价过程及结果产生较大分歧时的处理原则与方法，包括：……评标委员会成员的分项评分偏离超过评标委员会全体成员的评分均值±20%，该成员的该项分值将被剔除，以其他未超出偏离范围的评标委员会成员的评分均值（称为'评分修正值'）替代；评标委员会成员的分项评分偏离均超过评标委员会全体成员的评分均值±20%，则以评标委员会全体成员的评分均值作为该投标人的分项得分。"请问分项评分应怎么理解？是技术、商务总分叫分项？还是技术的小分算分项？

答案：《机电产品国际招标综合评价法实施规范（试行）》中规定的分项评分是指商务、技术、服务及其他评价内容的分项总评分，而不是指个别参数或指标的小分。评标委员会成员的分项评分（价格评分除外）偏离超过评标委员会全体成员的评分均值±20%，进行剔除修正时，也是指对分项总评分的修正，而非个别参数或指标小分的修正。

分项得分是相对综合得分而言的，两者的关系是：分项得分的总和即为综合得分。

160. 机电产品国际招标项目投标文件目录页没有小签，是否应否决其投标？

问题：某机电产品国际招标项目，投标人甲因为投标文件没有逐页小签被评委会否决投标，原因是投标文件内目录页上没有小签。投标人甲认为，目录不是招标文件给出的固定格式，是为了方便评委审阅才加进去的，可以不小签。评标委员会认为，只要在投标文件内都应视为投标文件的一部分，目录页没有小签就应否决投标。请问如何界定？

答案：《机电产品国际招标投标实施办法（试行）》（商务部令 2014 年第 1 号）第二十一条第（三）项规定："招标文件应当明确规定投标文件中投标人应当小签的相应内容，其中投标文件的报价部分、重要商务和技术条款（参数）响应等相应内容应当逐页小签。"因此，当招标文件中对投标文件签署有具体要求，而投标人的投标文件未符合该要求时，该评标委员会的意见是正当的。

161. 机电产品国际招标项目的评标报告与评标情况的报告有何区别和联系？

问题：机电产品国际招标项目的评标报告与评标情况的报告有何区别和联系？

答案：《机电产品国际招标投标实施办法（试行）》（商务部令 2014 年第

1 号）第六十六条规定，评标完成后，评标委员会应当向招标人提交书面评标报告和中标候选人名单。中标候选人应当不超过 3 个，并标明排序。第七十二条规定，依法必须进行招标的项目，中标人确定后，招标人应当在中标结果公告后 20 日内向中标人发出中标通知书，并在中标结果公告后 15 日内将评标情况的报告提交至相应的主管部门。

机电产品国际招标项目的评标报告与评标情况的报告是完全不同的两个概念，两者的区别和联系如下：

（1）区别

出具主体不同：评标报告的出具主体是评标委员会，评标情况的报告出具主体是招标人和招标代理机构；

提交对象不同：评标报告的提交对象是招标人，评标情况的报告提交对象是行政监督部门；

出具时间不同：评标报告的出具时间是评标工作结束后，评标情况的报告的出具时间是中标结果公告后 15 日内；

结论不同：评标报告的结论是推荐的中标候选人及其排序，评标情况的报告的结论是中标结果；

目的不同：评标报告的目的是供招标人定标，评标情况的报告的目的是向行政监督部门报告评标和定标的基本情况。

（2）联系

评标情况的报告内容应当涵盖评标报告内容，评标报告也可以作为评标情况的报告的一部分或者以附件的形式呈现。

162. 投标人报保税区产品应如何进行价格评估？

问题：请问机电产品国际招标项目中，投标人报保税区产品应如何进行价格评估？

答案： 保税区属于境内关外，保税区产品尚未办理进口清关完税，应当属于关境外产品。

根据《机电产品国际招标投标实施办法（试行）》（商务部令2014年第1号）第二十一条第（十一）项之规定，保税区产品按关境外产品进行价格评估，其评标价构成应当为：保税区内价格＋进口环节税＋国内运输、保险费等。

163. A公司是项目的设计单位，B公司是A公司的母公司，B公司能参加后续设备国际招标项目投标吗？

问题： 某项目招标人通过国际招标选择关键设备。A公司是该项目的设计单位，B公司是A公司的母公司，B公司能参加后续设备国际招标项目投标吗？

答案： A公司虽然做了项目初步设计，但其本身并未参加该项目后续招标项目投标；而B公司虽然是A公司的母公司，但与招标人不存在直接的利害关系，也不违反《机电产品国际招标投标实施办法（试行）》（商务部令2014年第1号）第三十二条有关“接受委托参与项目前期咨询和招标文件编制的法人或其他组织不得参加受托项目的投标，也不得为该项目的投标人编制投标文件或者提供咨询”的规定。因此，B公司可以参加后续设备国际招标项目的投标。

164. 怎样理解制造商与品牌的区分？

问题： 怎样理解制造商与品牌的区分？机电产品国际招标制造商是否

就等同于品牌？在认定中，是否只要投标人所报品牌一致即可认定为一家制造商生产？

答案：制造商即生产厂商，指开发、生产、加工、制造有形或无形产品的企业。

制造商不等同于品牌，品牌一致不一定制造商相同。根据《机电产品国际招标投标实施办法（试行）》（商务部令2014年第1号）第四十六条规定："认定投标人数量时，两家以上投标人的投标产品为同一家制造商或集成商生产的，按一家投标人认定。"机电产品国际招标认定投标人数量时，只有在两家以上投标人投同一制造商产品时才被认定为一家投标人。

165. 机电产品国际招标项目的潜在投标人应当何时在招标网上完成注册登记？

问题：机电产品国际招标项目的潜在投标人应当何时在招标网上完成注册登记？

答案：建议潜在投标人在领购资格预审文件或者招标文件后，及时在招标网上完成免费注册。

《机电产品国际招标投标实施办法（试行）》（商务部令2014年第1号）第三十八条规定："投标人在招标文件要求的投标截止时间前，应当在招标网免费注册……投标截止时间前，投标人未在招标网完成注册的不得参加投标，有特殊原因的除外。"

虽然《机电产品国际招标投标实施办法（试行）》规定的投标人最迟完成招标网上注册时间为投标截止时间，但是，由于在资格预审文件或招标文件发售后，潜在投标人有可能对其内容提出异议，并且《机电产品国际招标投标实施办法（试行）》第三十六条规定："潜在投标人或者其他利害关系人对资格预审文件有异议的，应当在提交资格预审申请文件截止时间2日前向招标人或招标机构提出，并将异议内容上传招标网；对招标文件有异议的，应当在投标截止时间10日前向招标人或招标机构提出，并将异议内容上传招标网。招标人或招标机构应当自收到异议之日起3日内作出答复，并将答复内容上传招标网；作出答复前，应当暂停招标投标活动。”而如果潜在投标人在此阶段未完成网上登记注册，就无法按照《机电产品国际招标投标实施办法（试行）》的要求将异议内容上传招标网。因此，为了更好地维护自身权益，建议潜在投标人在领购资格预审文件或者招标文件后，及时在招标网上完成免费注册。此外，招标代理机构应当提示潜在投标人提前在招标网上进行注册登记。

166. 使用综合评价法的机电产品国际招标项目评分标准如何设置？

问题：使用综合评价法的机电产品国际招标项目，如果价格评价满分为30分，设定价格评分标准时，是否可以采用以下两种方式？

1. 有效投标人评标价格的平均值为评标基准价，评标价格等于评标基准价时得15分，评标价格每高一个百分点减1分，每低一个百分点加0.5分。

2. 有效投标人评标价格的最低值为评标基准价，评标价格等于评标基准价时得30分，评标价格每高一个百分点减0.1分。

答案：这两种综合评价法价格评分设定方式、标准都不能充分体现低价优先的原则，因为按照这两种方式计算的价格得分均不能够保证所有不同的报价值仅对应唯一的评分值，也不符合《机电产品国际招标投标实施办法（试行）》（商务部令2014年第1号）第六十一条第（二）项有关“明确规定评议价格最低的有效投标人将获得价格评价的最高评价值”的规定。

例如按照第二个设定标准，假设投标人甲的评标价格比评标基准价高3倍，其价格评分为0分；投标人乙的评标价格比评标基准价高4倍，其价格评分亦为0分。甲、乙两投标人评标价格不同，但价格评分却相同，明显没有体现低价优先的原则。

《机电产品国际招标投标实施办法（试行）》（商务部令2014年第1号）第六十一条第（二）项规定："价格评价应当符合低价优先、经济节约的原则，并明确规定评议价格最低的有效投标人将获得价格评价的最高评价值，价格评价的最大可能评价值和最小可能评价值应当分别为价格最高评价值和零评价值。"

合理合法的做法是参照政府采购低价优先的评审标准，即以有效投标人的最低价为基准价，设定反比例函数计算价格评分，即《政府采购货物和服务招标投标管理办法》（财政部令第87号）第五十五条规定："价格分应当采用低价优先法计算，即满足招标文件要求且投标价格最低的投标报价为评标基准价，其价格分为满分。其他投标人的价格分统一按照下列公式计算：投标报价得分=（评标基准价/投标报价）×100……"这与《机电产品国际招标投标实施办法（试行）》第六十一条规定的原则是完全一致的。

167. 在综合评价法中，对于价格部分，国家是否有明确评审要求？

问题：某机电产品国际招标项目采用的是综合评价法。在综合评价法中，对于价格部分，国家是否有明确评审要求？

答案：关于机电产品国际招标，商务部《机电产品国际招标综合评价法实施规范（试行）》（商产发〔2008〕311号）第八条规定："综合评价法应当对每一项评价内容赋予相应的权重，其中价格权重不得低于30%，技术权重不得高于60%。”第十二条规定：“综合评价法的价格评价应当符合低价优先、经济节约的原则，并明确规定评标价格最低的有效投标人将获得价格评价的最高分值，价格评价的最大可能分值和最小可能分值应当分别为价格满分和0分。”

168. 企业法定代表人授权非本公司员工代理投标有效吗？

问题：某机电产品国际招标项目，投标人甲公司的法定代表人签署授权委托书授权乙公司某员工全权负责投标事宜，这样的授权有效吗？评标委员会可以否决其投标吗？

答案：法律未禁止企业法定代表人授权非本公司员工代理投标，根据我国法律规定，公司是自治组织，法定代表人可以授权公司以外的人代理投标。如果招标文件没有特殊约定受托人必须是投标人本单位员工，这样的授权是有效的。

评标委员会否决投标应依据招标文件及法律，没有规定时不能否决。因此，评标委员会不能因此否决甲公司的投标。

169. 机电产品国际招标项目如果在开标前未能抽取到足够数量的评标专家该如何处理？

问题：对于机电产品国际招标项目，如果在开标前未能抽取到足够数量的评标专家该如何处理？是否需要顺延开标时间？

答案：此种情形不影响开标，不必顺延开标时间，可以在开标后48小时内继续抽取专家。

《机电产品国际招标投标实施办法（试行）》（商务部令2014年第1号）

第五十五条第一款规定："评标委员会应当在开标当日开始进行评标。有特殊原因当天不能评标的，应当将投标文件封存，并在开标后48小时内开始进行评标。"因此，如果在开标前未能抽取到足够数量的评标专家，或者已抽取的评标专家因故放弃评标工作，都属于有特殊原因当天不能评标。在开标后48小时之内，招标人或招标代理机构仍然可以继续抽取专家，直至抽取的专家数量满足要求。

170. 请问国际机电产品开标的汇率应采用开标前的最新实时汇率还是当天平均汇率？

问题：请问国际机电产品开标的汇率是用开标前的最新实时汇率，还是用当天平均汇率？

答案：《机电产品国际招标投标实施办法（试行）》（商务部令2014年第1号）第六十条第（三）项规定："招标文件允许以多种货币投标的，在进行价格评标时，应当以开标当日中国银行总行首次发布的外币对人民币的现汇卖出价进行投标货币对评标货币的转换以计算评标价格。"因此，汇率时点应当选取中国银行总行于开标当日首次发布（通常是当日零时）的汇率。

171. 机电产品国际招标项目投标人数量如何认定？

问题：机电产品国际招标开标后认定投标人少于3个的应当停止评标，请问：

1. 认定主体是谁？

2. 具体在哪个环节来认定？

3. 认定投标人数量少于 3 个是否等同于“否决投标”?

4. 依据什么材料来认定?

答案:《机电产品国际招标投标实施办法(试行)》(商务部令 2014 年第 1 号)第四十六条第二款及第三款规定:“投标人少于 3 个的,不得开标,招标人应当依照本办法重新招标;开标后认定投标人少于 3 个的应当停止评标,招标人应当依照本办法重新招标……认定投标人数量时,两家以上投标人的投标产品为同一家制造商或集成商生产的,按一家投标人认定。对两家以上集成商或代理商使用相同制造商产品作为其项目包的一部分,且相同产品的价格总和均超过该项目包各自投标总价 60%的,按一家投标人认定。”

根据以上规定,具体答复如下:

1. 由评标委员会负责认定开标后投标人的数量。

2. 认定投标人的数量是开标后进入具体评审的前置程序。认定投标人不足 3 家的,不再进入具体评审程序。

3. 认定投标人不足 3 家而停止评标的,属于终止招标,而不是否决投标。

4. 应当根据投标人递交的“开标一览表”及投标文件中的“投标分项报价表”进行认定。

172. 评标结果公示后,招标人是否可以撤销公示并重新组织招标?

问题:评标结果公示后,因项目情况有变化,招标人是否可以撤销公示并重新组织招标?

答案:撤销评标结果公示并重新组织招标属于终止招标。原则上,除不可抗力原因外,招标人不得擅自终止招标。虽然《招标投标法》和《招标投标法实施条例》没有对招标人终止招标的情形作具体规定，但《机电产品国际招标投标实施办法（试行）》（商务部令2014年第1号）第三十一条规定："除不可抗力原因外，招标文件或者资格预审文件发出后，不予退还；招标人在发布招标公告、发出投标邀请书后或者发出招标文件或资格预审文件后不得终止招标。"第八十条规定："依法必须进行招标的项目，在国际招标过程中，因招标人的采购计划发生重大变更等原因，经项目主管部门批准，报相应的主管部门后，招标人可以重新组织招标。"

此外，《招标投标法实施条例》第三十一条还对招标人终止招标后的法定义务作了明确规定："招标人终止招标的，应当及时发布公告，或者以书面形式通知被邀请的或者已经获取资格预审文件、招标文件的潜在投标人。已经发售资格预审文件、招标文件或者已经收取投标保证金的，招标人应当及时退还所收取的资格预审文件、招标文件的费用，以及所收取的投标保证金及银行同期存款利息。"

综上，评标结果公示后，如因不可抗力项目情况有变化，招标人可以撤销公示并重新组织招标，另外，如因招标人的采购计划发生重大变更等原因，经项目主管部门批准，报相应的主管部门后，招标人也可以重新组织招标。在前述两种情况下，招标人应当同时履行《招标投标法实施条例》规定的终止招标后的法定义务，否则招标人不宜擅自终止招标。

173. 需要核准招标方案的项目，招标人自行改变采购方式有何风险？

问题：某机电产品国际招标项目经省发展改革委核准采用邀请招标方式。后业主采用公开招标，连续两轮公开招标失败，招标人以实际采用公开招标方式已不属于依照核准机关意见执行，风险已由企业自行承担为由，决定自行改为单一来源采购，且不再向原核准机关申请变更。请问这种做法是否存在合规性风险？

答案：此种做法存在合规性风险。《招标投标法实施条例》第七条规定："按照国家有关规定需要履行项目审批、核准手续的依法必须进行招标的项目，其招标范围、招标方式、招标组织形式应当报项目审批、核准部门审批、核准。"《机电产品国际招标投标实施办法（试行）》（商务部令2014年第1号）第四十六条第二款规定："重新招标后投标人仍少于3个的，可以进入两家或一家开标评标；按国家有关规定需要履行审批、核准手续的依法必须进行招标的项目，报项目审批、核准部门审批、核准后可以不再进行招标。"有关法律法规的规定是很明确的，需要核准招标方案的项目，无论是采用公开招标，还是邀请招标，因两次招标失败需要变更采购方式不再招标的，必须经原核准部门批准，招标人不能自行决定变更采购方式。

174. 应该如何理解"择优"原则?

问题：《机电产品国际招标投标实施办法（试行）》（商务部令2014年第1号）第三条规定的机电产品国际招标应当遵循的原则中，比《招标投标法》多了一个"择优"原则，应该如何理解？

答案："择优"的原则体现了机电产品的标的特点。机电产品不同于大宗物资或原材料，其性能优劣对于产品的功能实现、运行的可靠性以及运营成本有着重要的影响。因此，机电产品招标的评价标准不宜取决于单一的价格因素，而应该充分考量性能和价格等综合因素，体现"择优"的原则。

《机电产品国际招标投标实施办法（试行）》规定了"最低评标价法"与"综合评价法"两种评标方法。其中，"最低评标价法"并非等同于"经评审的最低投标价法”，而是在投标实质性响应商务和技术要求的前提下，可以再对投标产品的一般技术参数偏离和商务条款偏离进行加价评估，最终以评标价由低到高的次序评定中标候选人，实际上是综合考虑了性能和价格等因素，体现了机电产品的标的特点以及择优的原则。因此，机电产品国际招标的最低评标价法，不同于《招标投标法》规定的经评审的最低投标价法，其实质上是综合评估法的一种特殊形式。

175. 投标人在开标现场没有提交授权委托书，投标是否有效？

问题：某机电产品国际招标项目开标时，投标人甲在开标现场提出异议，认为参加开标的投标人乙的代表没有提交授权委托书，因此投标无效。请问该异议是否成立？应当如何答复？

答案：投标人甲提出的异议不成立。

《招标投标法》第三十五条规定：“开标由招标人主持，邀请所有投标人参加。”但法律并未规定投标人必须参加开标，以及参加开标的投标人代表必须提交授权委托书。因此，参加开标是投标人的权利，而不是义务；如果招标文件没有特殊要求，参加开标的投标人代表不必提交授权委托书；此外，即使投标人不派代表参加开标，亦不影响其已递交的投标文件的有效性。

招标人应当在开标现场当场答复投标人甲异议不成立并制作记录，投标人乙的代表未提交授权委托书并不影响其投标的效力。

176. 招标失败后直接转谈判方式是否合规？

问题：某公司作为招标代理机构承公办某依法必须招标的机场建设项

目设备国内公开招标，但两次招标，投标人都只有两家。该公司受招标人委托，在第二次收到两家投标人的投标文件后，没有在招标文件规定的时间开标，但在第二天进行公开开启并按谈判方式进行了内部评审，并确定其中一家投标人为成交对象。请问这种做法是否合法？

答案：这种做法违反法律规定。

《招标投标法》第二十八条规定："投标人少于三个的，招标人应当依照本法重新招标。"《招标投标法实施条例》第四十四条规定："投标人少于3个的，不得开标；招标人应当重新招标。"本项目只有两个投标人参加了投标，不满足法定的开标条件，招标人不得开启投标文件。招标代理机构在第二天公开开启投标文件并组织评审的做法违反了上述法律规定。

招标人的正确做法是首先在招标文件规定的投标截止时间原封退还已接收的两份投标文件，然后再对市场竞争情况以及招标项目需求的合理性进行分析。本项目属于依法必须进行招标的项目，在需求合理、正当的前提下，如果市场仍然能够构成充分竞争，招标人可以优化项目需求后重新进行招标；如果市场确实不能构成充分竞争，招标人可以考虑变更采购方式，采取谈判、直接采购等非招标采购方式实施该项目采购。

《工程建设项目货物招标投标办法》（国家发展改革委等七部门令第27号）第三十四条规定："提交投标文件的投标人少于三个的，招标人应当依法重新招标。重新招标后投标人仍少于三个的，必须招标的工程建设项目，报有关行政监督部门备案后可以不再进行招标，或者对两家合格投标人进行开标和评标。"因此，本项目如果属于核准类的项目，在变更采购方式前需得到投资主管部门的批准；本项目如果属于备案类项目，招标人可以直接变更采购方式。

三、企业采购

177. 大宗物资招标是否可以采用入围招标?

问题: 国有企业招大宗物资供应商入围资格，服务期限为半年。该项目不属于依法必须进行招标的项目。请问该项目招标时可否采用入围招标的方式，即确定 2～3 家入围供应商，确定物资的供应单价，不确定具体的供货数量，但确定各供应商在合同期内的供货比例，这样做是否违法?

答案: 相关法律没有将生产经营型国有企业物资采购纳入依法必须进行招标的范畴。也就是说，该类项目可以直接采购。如果企业主动采用招标方式进行采购，招标人依法享有更多的自主权。本项目所称的采购情形应属于实践中比较常见的框架协议招标。

采用框架协议招标时，在合理预估采购数量的基础上，确定供应商的数量、供货比例、供货单价，而不确定各家供应商的具体供货数量是可以的，并不违法。

178. 施工总承包企业购买工程设备是否必须招标?

问题: 某国有企业通过投标承接了一个污水处理施工总承包项目。该项目中，有一套 400 多万元的污水处理设备需要采购。请问需要公开招标吗? 是否可以采用询比价的方式采购这套设备?

答案：该施工项目招标时，如该污水处理设备不是以暂估价的形式包含在项目总价里，该企业在投标时按设备费报价最后中标的话，则该设备已经经过招标竞争了，不属于依法必须进行招标的工程设备。施工总承包单位在购买该设备时，可以直接采购，也可以采用其他方式进行采购，无须通过招标方式购买。

179. 非强制招标项目是否可以要求投标人具有特定地区的业绩？

问题：某代理机构受一家国有企业的委托，代理一个生产用原材料招标项目。在招标文件中要求投标人必须具有在本市同类企业中提供过相应产品的合同业绩。请问是否可以？

答案：《招标投标法实施条例》第三十二条第二款规定："招标人有下列行为之一的，属于以不合理条件限制、排斥潜在投标人或者投标人：……（三）依法必须进行招标的项目以特定行政区域或者特定行业的业绩、奖项作为加分条件或者中标条件……"从该条款的规定来看，"禁止以特定行政区域或特定行业的业绩作为加分或中标条件"的规定，是针对依法必须进行招标项目而言的，对于非强制招标项目而言，不受该条款的制约。

但是，采用公开招标方式进行采购的目的，是为了尽可能扩大竞争，以提高采购资金的使用效益。因此，就本项目而言，如无特殊原因，建议不要在招标文件中限定特定区域或特定行业的业绩。

180. 招标人不调整最高投标限价有哪些风险？

问题：某石化工程现有一个工艺包国际招标项目，有 3 家供应商购买了标书，但其中 2 家供应商在购买标书后给招标人发了正式的函，表示最高投标限价过低无法满足要求，如招标人不能调整限价将不参加投标。招标人经过考虑，表示不调整最高投标限价。招标人的做法是否存在法律风险？

答案：招标人不改变最高投标限价的做法无须承担法律责任，但存在导致招标失败的风险。

《招标投标法》第十九条第一款规定："招标人应当根据招标项目的特点和需要编制招标文件。招标文件应当包括招标项目的技术要求、对投标人资格审查的标准、投标报价要求和评标标准等所有实质性要求和条件以及拟签订合同的主要条款。"这一规定有两层含义：第一，编制招标文件属于招标人的法定权利；第二，招标人应当合理编制招标文件。最高投标限价属于招标文件的重要内容，招标人有权自行确定最高投标限价，即使潜在投标人要求修改，招标人亦有权不予修改。但是，如果招标人不能合理地确定最高投标限价，例如限价过低，则可能会使招标项目失去吸引力，不能形成充分的市场竞争；如果投标人不足 3 家，将会直接导致招标失败。因此，招标人应当根据项目特点和需要，科学、合理地确定最高投标限价，才能达到预期的效果。

181. 中标合同可以由第三人签订吗？

问题：某国企有一批材料类采购项目，招标人是集团公司的物资采购部门，最终用户是集团公司的下属企业。集团公司想在项目招标完成以后，由最终用户和中标人签订采购和配送服务合同。请问是否可以？

答案：《招标投标法》第四十六条规定："招标人和中标人应当自中标通知书发出之日起三十日内，按照招标文件和中标人的投标文件订立书面合同。"依据这一规定，中标合同应由招标人和中标人签订。

鉴于本项目的特殊情况，建议中标合同由集团公司物资采购部门（招标人）与中标供货商签订，但可在合同相应条款中约定：本项目采购材料的验货、接收单位为招标人的下属企业，由下属企业按相关标准对供应商提出的货物进行验收，并出具验收单。同时也可在招标文件中事先约定：该材料货款由集团公司或下属使用单位支付。

182. 非政府采购的工程货物招标如需采购进口仪器，是否需要采用国际招标?

问题：非政府采购的工程货物招标（国家发展改革委立项的项目），如果需要采购进口仪器，是否需要采用国际招标?

答案：如果该项目属于依法必须进行招标的工程建设项目范围，且拟采购的进口仪器单项合同估算价达到了必须招标的规模标准，则应当采用国际招标采购方式。

《机电产品国际招标投标实施办法（试行）》（商务部令 2014 年第 1 号）第六条规定："通过招标方式采购原产地为中国关境外的机电产品，属于下列情形的必须进行国际招标：（一）关系社会公共利益、公众安全的基础设施、公用事业等项目中进行国际采购的机电产品；（二）全部或者部分使用国有资金投资项目中进行国际采购的机电产品；（三）全部或者部分使用国家融资项目中进行国际采购的机电产品；（四）使用国外贷款、援助资金项目中进行国际采购的机电产品；（五）政府采购项目中进行国际采购的机电产品；（六）其他依照法律、行政法规的规定需要国际招标采购的机电产品。"因此，如该项进口设备属于依法必须招标的范围且达到必须招标的规模标准，应当依法采用国际招标。

183. 是否可以以低于中标价的价款签订合同？

问题：某国有企业设备采购项目招标完成后，在和中标供应商进行合同谈判时，希望中标供应商能够在原中标价的基础上适当给予让利。中标供应商也同意让利。

请问：双方可以按照让利后的价款签订中标合同吗？

答案：不可以。

《招标投标法实施条例》第五十七条规定："招标人和中标人应当依照招标投标法和本条例的规定签订书面合同，合同的标的、价款、质量、履行期限等主要条款应当与招标文件和中标人的投标文件的内容一致。招标人和中标人不得再行订立背离合同实质性内容的其他协议。"依据上述规定，招标人与中标人在签订合同时，不得对合同价款等实质性内容进行谈判，否则涉嫌对其他投标人不公平。

就本项目而言，招标人与中标人应当按照招标文件和中标人的投标文件签订合同，合同价款应当与投标文件一致，不得修改。

184. 企业集中采购中集中开展资格预审应如何操作？

问题：关于企业采用集中开展资格预审招标方式进行集中采购，请教以下问题：

1. 集中资格预审一般适合用有限数量制还是合格制？

2. 集中资格预审完成后，进行后续采购活动时，应该发邀请书还是发公告邀请？

3. 进行后续采购活动时，是否必须满足 20 天公开招标时限要求？

答案：集中资格预审招标采购是《招标采购代理规范》（ZBTB/T 01-2016）“企业集中采购分则”界定的企业集中采购组织模式之一。其特点是不针对特定项目，而是针对重复采购的特定标的物，将多次公开招标的资格预审一次性完成，形成有明确有效期的合格申请人名单，有效期内每次招标时，向名单内所有申请人发出投标邀请，以达到提高后续招标采购效率的目的。

在实务操作中，集中资格预审应根据采购标的物特点以及市场竞争情况，选择合格制或有限数量制；如果符合要求的潜在供应商数量众多，竞争充分，则一般采用有限数量制，否则可以采用合格制。

资格预审完成后，因为已经确定了有效期内的合格申请人名单，因此后续招标采购时应该对名单内所有申请人发出投标邀请，而不是发出公告邀请。此外，如果采购标的物属于依法必须进行招标的项目，则应当满足20天的法定招标时限，否则不必满足20天的投标准备期要求。

185. 央企二级单位生产经营性物资采购和经营性咨询服务类项目是否必须招标？

问题：某单位为央企二级单位，属于装配制造业，每年有大量经营性物资采购和经营性咨询服务类项目，没有找到该类型采购适用于哪些法律法规，公司内部文件参照《招标投标法》和《政府采购法》相关法律法规，采取邀请招标、询价和竞争性谈判三种方式。

请问上述提到的这类项目是否必须招标？如果不是必须招标项目，参照哪些采购方式或者参照哪些规定比较科学？

答案：国有企业采购经营性物资和咨询服务的资金来源为国有资金，不是工程建设项目，不属于《招标投标法》规定的依法必须进行招标的工程建设项目范围之列。采购人可以自行制定内部采购管理制度，既可以自愿采用招标方式采购，也可以采用谈判、询价等非招标方式采购。

对于企业经营性物资和咨询服务采购，为使采购过程更加科学和规范，建议参照《招标采购代理规范》（ZBTB/T 01 - 2016）中的“企业集中采购分则”行业推荐性标准进行集中采购操作。该标准将企业集中采购组织模式划分为批次集中招标采购、集中资格预审招标采购、协议集中招标采购三种基本模式，可以针对不同采购标的物类型和实际情况加以适用。

186. 国有企业可以直接从下属单位采购原材料吗？

问题：某大型经营型国企想采购一批生产用材料。该公司的下属子公司可以生产该材料。请问可以直接从下属子公司处采购吗？如果不能，需要采用《政府采购法》规定的采购方式吗？

答案：国有企业采购生产经营用原辅材料，不属于依法必须进行招标的项目。对于非依法必须进行招标的项目，国有企业的日常采购活动不受《招标投标法》和《政府采购法》管辖，但应执行企业内控采购管理制度的要求。针对本项目而言，该公司可采用直接采购的方式从下属企业采购该批生产用材料。

需要特别指出的是：国有企业的采购活动不受《政府采购法》管辖。如所在企业没有相应的采购内控管理制度，也可依照中国招标投标协会颁布的《非招标方式采购代理服务规范》（ZBTB/T 01 - 2018）进行采购。

187. 国内设备招标开标现场出现撤标应如何处理？

问题：某石化项目设备公开招标，有三个投标人参加了投标，开标后，其中一家投标人当即在开标会现场提出撤销投标，请问仅剩两家投标人可以继续评标吗?

答案：评标委员会可以继续评标。

《招标投标法实施条例》第四十四条规定："投标人少于3个的，不得开标；招标人应当重新招标。"本案例有三个投标人参加了投标，满足法定的开标条件，招标人应当进行开标并组织评标委员会进行评标。某投标人在开标现场提出撤销投标并不影响开标的有效性，且该投标人应当承担其投标保证金不予退还的法律后果。

依据《工程建设项目货物招标投标办法》第四十一条规定，评标委员会对所有投标作废标处理的，或者评标委员会对一部分投标作废标处理后其他有效投标不足三个使得投标明显缺乏竞争，决定否决全部投标的，招标人应当重新招标。

因此，在此种情况下，评标委员会可以根据剩余两家投标人的投标是否具有竞争性作出不同的评审结论：

1. 如果剩余两家投标人的投标明显缺乏竞争，评标委员会可以否决全部投标，招标人应当依法重新招标；

2. 如果剩余两家投标人的投标仍具有竞争性，评标委员会可以继续完成所有评审程序并推荐中标候选人，由招标人定标。

188. 混合所有制企业招标，其股东能否参与投标?

问题：国有企业公司增资扩股后，有民营企业入股作为股东之一。国有企业公司要采购一批设备，这个设备是民营股东生产的。请问是否可以不招标，直接购买该民营企业的设备?如果招标，是否允许这个民营的股东参与投标?

答案：第一，当国有企业控股，民营股东是参股单位时，这批设备应依法招标。此时，民营股东作为独立的法人，可以参与投标。但应符合《招标投标法实施条例》第三十四条“与招标人存在利害关系可能影响招标公正性的法人、其他组织或者个人，不得参加投标”的规定，不得存在可能影响招标公正性的情形。

第二，当民营股东控股时，采购这批设备可以不招标。

189. 如何约束国企非招标采购方式下供应商的恶意串通行为？

问题：在招标采购实践中，经常遇到供应商恶意串通损害企业权益的问题。如果采用招标方式，可以适用《招标投标法》及其实施条例中关于串通投标的处罚规定。如果采用非招标采购方式，是否还可以适用《招标投标法》体系的相关规定？如果不可以，如何约束非招标采购方式下的恶意串通行为？

答案：《招标投标法》及其实施条例中，关于串通投标和视为串通投标行为的认定和处罚，仅适用于招标投标这种采购方式。而《政府采购法》及其实施条例中，关于供应商恶意串通行为的认定和处罚，仅适用于政府采购项目。

一般而言，在国有企业采购中，如果供应商的恶意串通行为情节和后果十分严重，触犯刑律，可以判定“破坏市场经济秩序罪”等罪名入刑。但是，就相对比较轻微的情节而言，在国有企业非招标采购方式下，目前尚无可以直接适用的约束供应商恶意串通行为的法律规定。

鉴于目前的立法现状，建议国有企业采用非招标方式进行采购时，可以在采购文件中事先约定参照《政府采购法实施条例》第七十四条、《招标投标法实施条例》第三十九条和第四十条认定恶意串通情节，同时约定出现上述情形时，可由评审委员会对该响应文件做无效处理。

服务篇

1.《政府采购法》所指的本国服务是否与提供服务企业的所有制形式无关?

问题:《政府采购法》所指的本国服务,是否为注册在中国境内的企业提供的服务,与公司的类型[如有限责任公司、有限责任公司(台港澳合资)、上市股份有限公司等]无关呢?

答案:本国服务目前可以按照中国境内注册企业提供的服务理解。本国服务只与提供服务企业的注册地国别有关,而与提供服务企业的所有制形式无关。

2. 政府购买物业安保服务、热线电话接听服务是否属于政府购买服务范围?

问题:根据《政府购买服务管理办法》(财政部令第102号),购买主体的人员招聘、以劳务派遣方式用工以及设置公益性岗位等事项不得纳入政府购买服务范围。那么,政府购买物业安保服务、热线电话接听服务是否属于政府购买服务范围?

答案:如果购买的服务是向法人或者非法人组织购买或者特殊情况下允许个人提供服务的,就属于政府购买服务。如果是采购人自己招聘的,或者劳务派遣方式聘用的,就不属于政府购买服务。

3. 政府采购限额标准以下且集中采购目录以外的是否属于政府采购?

问题:关于政府购买服务,是否可以理解为政府购买服务均属于政府采购，政府采购限额标准以下且集中采购目录以外的不属于政府购买服务？

答案：政府购买服务是政府采购中服务采购的一部分。因此，政府采购限额标准以下且集中采购目录以外的不属于需要遵守《政府采购法》的政府采购，更不属于政府购买服务。

4. 公益一类事业单位是否可以购买服务？

问题：公益一类事业单位可以购买服务吗？公益一类事业单位购买服务适用《政府购买服务管理办法》和《政府采购法》吗？

答案：《政府购买服务管理办法》（财政部令第 102 号）第八条规定："公益一类事业单位、使用事业编制且由财政拨款保障的群团组织，不作为政府购买服务的购买主体和承接主体。"公益一类事业单位和使用事业编制且由财政拨款保障的群团组织正常开展业务所需的社会服务是可以从社会购买的，例如法律服务、审计服务、采购代理服务等。公益一类事业单位和使用事业编制且由财政拨款保障的群团组织采购服务适用《政府采购法》，但不适用《政府购买服务管理办法》。

5. 科研院所采购服务类项目是否可以采用竞争性磋商方式？

问题：某政府采购服务项目，采购人是一家科研院所，属公益一类事业单位。由于该服务项目未达到公开招标的数额标准，采购代理机构采用了竞争性磋商方式实施采购。该项目在后期审计时，审计人员认为：本项目系政府购买服务项目，依据《政府购买服务管理办法》（财政部令 102 号）第二条规定："本办法所称政府购买服务，是指各级国家机关将属于自身职责范围且适合通过市场化方式提供的服务事项，按照政府采购方式和程序，交由符合条件的服务供应商承担，并根据服务数量和质量等因素向其支付费用的行为。”本项目的采购人科研院所不是国家机关，不能采用竞争性磋商方式实施采购活动。请问科研院所采购服务类项目不能采用竞争性磋商方式吗?

答案：在政府采购领域，政府购买服务项目对该类项目的购买主体、承接主体、购买内容、购买方式和程序等方面都有严格的要求，应当遵循《政府购买服务管理办法》的相关规定。

《政府采购竞争性磋商采购方式管理暂行办法》（财库〔2014〕214 号）第三条规定：“符合下列情形的项目，可以采用竞争性磋商方式开展采购：（一）政府购买服务项目；（二）技术复杂或者性质特殊，不能确定详细规格或者具体要求的；（三）因艺术品采购、专利、专有技术或者服务的时间、数量事先不能确定等原因不能事先计算出价格总额的；（四）市场竞争不充分的科研项目，以及需要扶持的科技成果转化项目；（五）按照招标投标法及其实施条例必须进行招标的工程建设项目以外的工程建设项目。”竞争性磋商方式，是法定的政府采购方式中的一种，该采购方式的五种法定适用情形中，前四种情形都包括了各种服务类项目的采购活动，而并非仅仅限于“政府购买服务”类项目。

本项目审计人员的误区在于简单地把“政府采购服务项目”等同于“政府购买服务类项目”了。依据《政府购买服务管理办法》等相关规定，本项目采购人虽不能作为政府购买服务的购买主体，但仍然是政府采购服务的适格主体，可以采用竞争性磋商方式实施采购活动。

6. 政府采购环卫服务外包项目，如中标人自行生产相应货物，适用哪项法律?

问题：某政府采购环卫服务外包项目，招标文件要求中标后由中标人提供新购置的环卫车辆。A 供应商是环卫车辆生产企业，中标后是否可以适用《招标投标法实施条例》第九条自行生产环卫车辆？

答案：环卫服务项目采购的是服务，招标文件要求中标后由中标人采用新购置的环卫车辆提供服务是对服务的要求。中标人采用何种方式采购或者自行生产环卫车辆不属于《政府采购法》管辖的范围，也不是《招标投标法》规定的依法必须招标的内容。

7. 政府采购对中小企业的扶持政策包含服务和工程吗？

问题：《政府采购促进中小企业发展暂行办法》（财库〔2011〕181 号）第五条规定："对于非专门面向中小企业的项目，采购人或者采购代理机构应当在招标文件或者谈判文件、询价文件中作出规定，对小型和微型企业产品的价格给予 6%～10%的扣除……"这里的"产品"包含服务和工程吗？

答案：依据《政府采购法》，政府采购促进中小企业发展的政策适用工程、货物和服务采购。此处的"产品"包括工程和服务产品。

8. 事业单位自筹资金的项目采购公告应当在哪个媒体发布？

问题：某事业单位的垃圾清运采购项目，使用单位自筹资金，金额 600 万元左右。请问该项目应当公开招标吗？采购公告必须在财政部门指定的媒体发布吗？

答案：本项目应属于政府采购项目，采购预算已超过公开招标的数额标准，应当采用招标方式选择供应商。

《财政部关于做好政府采购信息公开工作的通知》（财库〔2015〕135

号）规定："为了便于政府采购当事人获取信息，在其他政府采购信息发布媒体公开的政府采购信息应当同时在中国政府采购网发布。对于预算金额在 500 万元以上的地方采购项目信息，中国政府采购网各地方分网应当通过数据接口同时推送至中央主网发布（相关标准规范和说明详见中国政府采购网）。"

根据这一规定，本项目采购公告应当在财政部门指定的公告发布媒体上公开发布，由于采购预算已超过 500 万元，该采购公告还应推送至中国政府采购网主网发布。

9. 政府采购服务类项目价格分值占比能否超过 30%？

问题：某政府采购服务类项目，采购方设定总分值为 100 分，其中价格分值是 60 分，理由是《政府采购货物和服务招标投标管理办法》（财政部令第 87 号）没有设定价格分上限，可以任意设置。《财政部关于加强政府采购货物和服务项目价格评审管理的通知》（财库〔2007〕2 号）通知规定价格分值占比为 10%～30%。价格分值到底应执行哪一个文件？

答案：《财政部关于加强政府采购货物和服务项目价格评审管理的通知》已于 2020 年 1 月 23 日废止，政府采购货物和服务招标按照《政府采购货物和服务招标投标管理办法》执行。服务招标项目采用综合评价法的，价格分值占总分值的比重不得低于 10%，不设上限。

10. 赔偿限额和免赔额的评审需参照投标报价评审的要求吗？

问题：政府采购公开招标校方责任保险，由于校方责任保险为固定价格，故此部分价格不参与评审，对赔偿限额和免赔额进行评审，请问对赔偿限额和免赔额的评审是否需要参照投标报价评审的要求？

答案：招标评标因素中的价格因素是指采购人需要支付的价款，可以是单价，也可以是总价。对于执行统一价格的项目，价格不作为评审因素。所述的赔偿限额和免赔额应属于商务或技术因素，不需要参照投标报价评审的要求。

11. 询价采购是否可以采用综合评分法？

问题：某物业保洁服务采购项目用询价方式进行采购，业主要求采用综合评分法进行评审。请问：询价采购是否可以采用综合评分法？有没有明确规定询价不可以采用综合评分法？

答案：物业保洁服务不宜采用询价方式进行采购；询价采购不宜采用综合评分法。

《政府采购法》第三十二条规定："采购的货物规格、标准统一、现货货源充足且价格变化幅度小的政府采购项目，可以依照本法采用询价方式采购。"根据《政府采购法》的规定，询价方式适用于货物采购，并仅适用于规格标准统一、现货货源充足且价格变化幅度小的特殊货物采购。本项目属于服务类采购项目，不宜采用询价方式进行采购。

《政府采购法》第四十条规定："采取询价方式采购的，应当遵循下列程序：……（四）确定成交供应商。采购人根据符合采购需求、质量和服务相等且报价最低的原则确定成交供应商，并将结果通知所有被询价的未成交的供应商。"《政府采购非招标采购方式管理办法》（财政部令第 74 号）第四十八条规定："询价小组应当从质量和服务均能满足采购文件实质性响应要求的供应商中，按照报价由低到高的顺序提出 3 名以上成交候选人，并编写评审报告。"依据上述规定，采用询价方式和竞争性谈判方式的政府采购项目，应当选用最低价成交法，不宜采用综合评分法。

12. 只有两家单位递交首次响应文件，竞争性磋商采购是否可以继续？

问题：政府购买服务项目，只有两家单位递交首次响应文件，竞争性磋商采购活动是否可以继续进行？

答案：《政府采购竞争性磋商采购方式管理暂行办法》（财库〔2014〕214 号）第六条第一款规定："采购人、采购代理机构应当通过发布公告、从省级以上财政部门建立的供应商库中随机抽取或者采购人和评审专家分别书面推荐的方式邀请不少于 3 家符合相应资格条件的供应商参与竞争性磋商采购活动。"竞争性磋商采购首次递交响应文件的供应商必须达到 3 家，政府购买服务项目亦同。

依据上述规定，政府购买服务项目，只有两家单位递交首次响应文件，竞争性磋商采购活动是不可以继续进行的。

13. 采用竞争性磋商方式采购时符合要求的供应商只有两家是否可以继续采购？

问题：公益二类事业单位（例如高校）在采用竞争性磋商方式采购服务的过程中，如遇符合要求的供应商只有两家时，是否可以继续采购活动？

答案：《财政部关于政府采购竞争性磋商采购方式管理暂行办法有关问题的补充通知》（财库〔2015〕124 号）规定："采用竞争性磋商采购方式采购的政府购买服务项目（含政府和社会资本合作项目），在采购过程中符合要求的供应商（社会资本）只有 2 家的，竞争性磋商采购活动可以继续进行。"公益二类事业单位（例如高校）不是政府购买服务的适格主体，不适用《财政部关于政府采购竞争性磋商采购方式管理暂行办法有关问题的补充通知》中关于符合要求的供应商只有两家的，可以继续进行采购活动的规定。因此，当符合要求的供应商只有两家时，应重新开展采购活动。

14. 代理机构不退还投标保证金怎么办？

问题：某供应商中标了一个公立医院食堂运营项目，该项目合同已经签订。目前已经进场营业，代理服务费等相关费用也已经交付，但招标代理机构一直不肯退还投标保证金。请问该供应商应该如何维护自己的合法权益？

答案：中标供应商可以先向招标代理机构提出质疑，要求招标代理机构按照相关法律和招标文件的规定，如期退还保证金。

若招标代理机构未依法答复或对其答复不满意，再向行政监督部门投诉。

15. 中标后可以就合同内容进行谈判吗？

问题：某服务招标项目中标人已经产生。在签订合同之前，想和中标人就一些细节问题再进行谈判，并细化到合同中。请问这种做法合法吗？法律是否禁止招标人和中标人进行谈判？

答案：《招标投标法》第四十三条规定：“在确定中标人前，招标人不得与投标人就投标价格、投标方案等实质性内容进行谈判。”《招标投标法实施条例》第五十七条规定：“招标人和中标人应当依照招标投标法和本条例的规定签订书面合同，合同的标的、价款、质量、履行期限等主要条款应当与招标文件和中标人的投标文件的内容一致。招标人和中标人不得再行订立背离合同实质性内容的其他协议。”应当注意的事项如下：

一是本条禁止谈判的时间点是在确定中标人之前。即本法条禁止招标人与投标人之间进行谈判，是特指在依法确定中标人之前，招标人和特定投标人事先私下进行谈判，以防对其他投标人造成不公平竞争，这也是“公开、公平、公正和诚实信用”原则在具体法条中的体现。

二是本条禁止谈判的内容是实质性内容。在招标投标活动中，招标人最终择优选定的投标价格、投标方案等实质性内容，是通过公开竞争方式，在各投标人之间经过资格审查、符合性审查和商务技术评审等环节，经过层层激烈“搏杀”后择优确定的，如允许招标人和中标候选人（或其他投标人）就投标价格和投标方案等实质性内容再次进行谈判，则对其他投标人不公平。

综上，招标人可以和中标人就合同非实质性细节进行谈判，但不得就合同的实质性内容进行谈判。

16. 签订中标合同时，是否可以修改付款条件？

问题：某公司中标了一个专业规划编制项目，招标文件约定的付款条件为“完成指定工作任务并通过评审后10日内支付相关费用”。签订合同时，招标人提出把付款条件修改为“区发展改革局下达投资计划后10日内支付相关费用”。请问在签订合同时，招标人是否可以修改招标文件规定的付款条件？如果中标方因不同意修改该条款而拒签中标合同，投标保证金是否可以退回？

答案：招标人不宜在签订合同时提出修改付款条件。

《招标投标法》第四十六条规定：“招标人和中标人应当自中标通知书发出之日起三十日内，按照招标文件和中标人的投标文件订立书面合同。”

《招标投标法实施条例》第五十七条规定："招标人和中标人应当依照招标投标法和本条例的规定签订书面合同，合同的标的、价款、质量、履行期限等主要条款应当与招标文件和中标人的投标文件的内容一致。"

根据《招标投标法》及其实施条例的相关规定，招标人和中标人应当按照招标文件和投标文件订立书面合同，合同的主要条款应当与招标文件和投标文件的内容一致。本项目中当地区发展改革部门是否下达投资计划、何时下达投资计划并不确定，招标人在签订合同时提出修改付款条件，无疑增加了中标人的履约风险，中标人可以依法拒绝招标人的要求。如中标人因不同意修改付款条件而拒签中标合同，招标人应当退还中标人的投标保证金。此外，中标人可以主张招标人依法承担违约责任。

17. 政府购买服务合同能否一年一签？ 预算如何计算？

问题：政府购买服务项目，计划通过公开招标方式进行，根据《政府购买服务管理办法》（财政部令第102号）第二十四条的规定："可以签订履行期限不超过3年的政府购买服务合同。"本次招标计划一次购买三年，每年500万元，请问：

1. 本次招标的标的额是按一年500万元计算还是按三年1 500万元计算？

2. 合同是否能一年一签，根据供应商服务情况及预算批复情况决定是否续签？续签不超过两次。

3. 续签金额是否必须为500万元？能否根据供应商服务情况和次年的预算批复情况增加或减少续签金额？

答案：1. 如果一次签订三年的合同，采购的预算就应该是三年预算的总和，即1 500万元。

2. 如果一次采购三年的服务，三年的服务是一个合同，应该一次签订。考虑到执行中可能发生的预算批复因素，可以在合同中约定特殊情形的处理方案。一年一签的做法不合适。

3. 如果采购人希望按年根据供应商履约情况决定是否续签来年合同，则不应该一次采购三年的数量。

18. 事先无法确定服务时间、数量等内容的采购项目如何操作?

问题： 审计、外贸代理等事先无法确定服务时间、数量等内容的项目，且时间不允许每次项目之前单独进行采购。请问此类项目是否可以在对服务方案、定价原则以及二次确定供应商的规则等进行明确规定的情况下，允许多家供应商入围服务？如不符合文件规定，请问此类项目应按照何种方式采购？

答案： 如果采购内容需要由多个供应商承担完成，采购人应该把采购内容划分为若干个包，一个包确定一个中标供应商。要明确每个包的具体工作内容以及单价或总价。

19. 全过程咨询是否属于依法必须招标的项目?

问题： 某建设单位有个项目打算采用全过程咨询。请问：全过程咨询单位的选择，是否属于依法必须招标的项目？可否直接委托一家咨询机构承接咨询业务？另外，全过程咨询的收费有什么标准？

答案： 全过程咨询合同中包含的勘察、设计、监理单项估算价如达到必须招标的规模标准，属于依法必须招标的项目。

全过程咨询包括勘察、设计和监理等内容，而这些内容属于《招标投标法》第三条和《必须招标的工程项目规定》（国家发展改革委令第16号）规定的依法必须进行招标项目。因此，如咨询费用估算达到相应规模标准，应当依法采用招标方式确定全过程咨询单位，不宜直接委托。

全过程咨询收费目前没有相应的国家标准或行业标准。实践中，大致有按总价费率模式、单项收费汇总模式和人工工时费模式三种计费模式计算咨询费用，也有部分省市出台了相应的收费标准，建设单位可参考或依照相应标准测算咨询费用。

20. 国有企业服务外包机构应该如何选择？

问题：某国有企业每年都有一批服务项目外包，比如打印、快递、物业等业务，全年累计下来，这些外包服务项目金额都比较大。请问：国有企业服务外包机构的选择要采用招标方式吗？

答案：国有企业外包服务不属于依法必须招标的项目。服务外包机构的选择，可以根据该企业内控管理制度的相关规定进行操作。

21. 同类项目拆分为两个项目招标属于化整为零规避招标吗？

问题：某集团公司为国企，对招标项目的实施主体进行分类，达到一定额度的招标项目，须由集团公司组织实施招标。前段时间，该集团公司下属的二级单位上报了两个公开招标项目，均属于运输服务类。这两个项目除了实施地点不同外，其余采购内容、履约条件等全部相同。如果将上述两个项目合并，应由集团公司组织实施招标；如像现在这样拆分为两个项目，则属于二级单位自行实施招标的权限。

请问这样拆分项目是否违法？属于化整为零规避招标吗？如果不加以

制止，会有什么法律责任？

答案： 这种做法不属于规避招标行为。

首先，从现行法律的相关规定来看，国有企业运输服务外包项目不属于法律规定的依法必须进行招标的项目，法律未强制要求该类项目必须招标。

其次，依据上述情形，这两个项目上报时均采用公开招标方式，并不存在规避招标的行为。

但是，该集团公司对招标的实施主体有不同规定，达到一定金额的项目，应由上一级机构组织实施招标。从该公司的相关规定来看，该行为有拆分项目规避集中采购管理的嫌疑，涉嫌违反公司的内部管理规定，但不涉及违法。

22．PPP 项目属于企业投资项目还是政府投资项目？

问题： 某 PPP 项目由经济开发区管委会负责实施，目前已通过竞争性磋商方式公开选定了社会资本方，并成立了专门的项目公司。请问该项目公司在建设 PPP 项目的过程中，如何履行项目的立项、报建等相关程序？是履行审批程序，还是履行核准、备案程序？

答案： PPP 项目的决策程序是履行审批程序，还是履行核准、备案程序，关键是看该项目投资主体。

按照《国家发展改革委关于依法依规加强 PPP 项目投资和建设管理的通知》（发改投资规〔2019〕1098 号）的规定："PPP 项目要严格执行《政府投资条例》、《企业投资项目核准和备案管理条例》，依法依规履行审批、核准、备案程序。采取政府资本金注入方式的 PPP 项目，按照《政府投资条例》规定，实行审批制。列入《政府核准的投资项目目录》的企业投资项目，按照《企业投资项目核准和备案管理条例》规定，实行核准制。对于实行备案制的企业投资项目，拟采用PPP模式的，要严格论证项目可行性和PPP模式必要性。”

如当地政府未在项目公司投资，该PPP项目按企业投资项目处理，履行核准或备案程序；如当地政府在项目公司投资，则按政府投资项目处理，履行审批流程。

23. PPP项目招标应具备哪些前提条件?

问题： PPP项目社会资本方招标应具备哪些前提条件?

答案： PPP项目社会资本方招标应当具备的前提条件包括：

（1）项目已立项。PPP项目已完成项目必要性和可行性研究论证，并经过政府投资主管部门的审批、核准或备案。

（2）项目“两评一案”已经政府审批。PPP项目的实施方案、物有所值评价报告、财政承受能力论证报告已经由县级以上人民政府批复。

（3）项目已按规定入库。采购人已按国家有关规定将项目纳入国家发展改革委PPP项目库和财政部PPP综合信息平台管理库。如项目未能及时入库，会影响项目投资和政府财政资金的落实，并且无法享受PPP相关优惠政策。

24. PPP项目资格预审公告是否要注明采购方式?

问题： 根据《政府和社会资本合作项目政府采购管理办法》（财库〔2014〕215号）规定，PPP项目在采购过程中必须强制实行资格预审。那么，是应在发布资格预审公告中说明本项目采用哪种采购方式（如公开招标、竞争性磋商方式等），还是在资格预审结束后，根据社会资本响应程度来确定采用哪种采购方式？有何依据？

答案： PPP 项目在进行资格预审时，应在资格预审公告中注明采购方式。

《政府和社会资本合作项目政府采购管理办法》（财库〔2014〕215 号）第六条第二款规定："资格预审公告应当包括项目授权主体、项目实施机构和项目名称、采购需求、对社会资本的资格要求、是否允许联合体参与采购活动、是否限定参与竞争的合格社会资本的数量及限定的方法和标准以及社会资本提交资格预审申请文件的时间和地点。"从该条文的规定来看，确实未要求采购人必须在资格预审公告中注明采购方式。

但该办法第八条同时规定："项目有 3 家以上社会资本通过资格预审的，项目实施机构可以继续开展采购文件准备工作；项目通过资格预审的社会资本不足 3 家的，项目实施机构应当在调整资格预审公告内容后重新组织资格预审；项目经重新资格预审后合格社会资本仍不够 3 家的，可以依法变更采购方式。"本条表述中，出现了"项目经重新资格预审后合格社会资本仍不够 3 家的，可以依法变更采购方式"的表述。该表述意味着：PPP 项目在开展资格预审之前，须选定采购方式；如出现法定情由时，方可"依法变更采购方式"。

综合上述规定，PPP 项目应在资格预审公告中注明采购方式。

25．PPP 项目招标资格条件可否设置类似项目业绩要求？

问题： 请问 PPP 项目招标资格预审条件是否可以设置类似项目业绩要求？

答案： 设置类似项目业绩要求是招标人的权利，而非义务。PPP 项目资格预审不设类似项目业绩要求并不违反法律强制性规定。

《招标投标法》第十八条第一款规定："招标人可以根据招标项目本身的要求，在招标公告或者投标邀请书中，要求潜在投标人提供有关资质证明文件和业绩情况，并对潜在投标人进行资格审查；国家对投标人的资格条件有规定的，依照其规定。"《政府采购法》第二十三条规定："采购人可以要求参加政府采购的供应商提供有关资质证明文件和业绩情况，并根据本法规定的供应商条件和采购项目对供应商的特定要求，对供应商的资格进行审查。"法律对潜在投标人或供应商业绩要求的措辞都是"可以"，而不是"应当"。因此，招标人在进行资格预审时并非一定要设置业绩要求。

但在 PPP 项目社会资本招标实务中，为保证招标项目质量，降低履约风险，建议招标人在资格预审文件中对潜在投标人提出类似业绩要求。此外，对于 PPP 项目而言，《基础设施和公用事业特许经营管理办法》（国家发展改革委等六部门令第 25 号）第十七条规定，实施机构应当公平择优选择具有相应管理经验、专业能力、融资实力以及信用状况良好的社会资本方作为合作伙伴。从这个角度讲，为符合《基础设施和公用事业特许经营管理办法》中"具有相应管理经验"的规定，招标人最好还是在资格预审条件中设置类似项目业绩的要求。

26. PPP 项目采取随机抽取方式确定谈判顺序合法吗？

问题：PPP 项目的采购结果确认谈判，采取随机抽取方式确定谈判顺序合法吗？

答案：《政府和社会资本合作项目政府采购管理办法》（财库〔2014〕215 号）第十五条规定："采购结果确认谈判工作组应当按照评审报告推荐的候选社会资本排名，依次与候选社会资本及与其合作的金融机构就项目合同中可变的细节问题进行项目合同签署前的确认谈判，率先达成一致的候选社会资本即为预中标、成交社会资本。”采购结果确认谈判应该按照评审报告推荐的供应商排序依次进行，率先达成一致的成交。随机抽取来确定谈判顺序的做法显然不符合规定。

27. PPP 社会资本方的招标文件中是否可以要求企业注册资本、资产总额等财务指标？

问题：《政府采购货物和服务招标投标管理办法》（财政部令第 87 号）第十七条规定：“采购人、采购代理机构不得将投标人的注册资本、资产总额、营业收入、从业人员、利润、纳税额等规模条件作为资格要求或者评审因素……”PPP 社会资本方采购需要遵循上述规定吗？

答案：企业注册资本、资产总额等财务信息是反映企业规模、投资实力、经营能力的重要衡量指标。PPP 项目重在政府方和社会资本长期合作，社会资本需具有足够的投资、融资、运营能力。《工程项目招投标领域营商环境专项整治工作方案》（发改办法规〔2019〕862 号）中强调的是不能超过项目实际需求设置上述条件，而不是招标文件中不能设置上述条件。财政部国库司在其官方网站上对相关咨询问题的回复也称“《政府采购货物和服务招标投标管理办法》属于规范政府采购货物和服务招标投标活动的一般性规定，《政府和社会资本合作项目政府采购管理办法》（财库〔2014〕215 号）是专门规范 PPP 项目政府采购的制度，PPP 项目主要执行《政府和社会资本合作项目政府采购管理办法》的规定”。而《政府和社会资本合作项目政府采购管理办法》中并未就上述内容作出具体规定，因此 PPP 项目社会资本方采购可以根据项目实际需要设置上述资格条件。

28．PPP 项目资格预审结果需要公示吗?

问题：PPP 项目资格预审结果需要公示吗？还是单独告知即可？

答案：PPP 项目资格预审结果需要告知所有参与资格预审的社会资本方，相关规定没有要求必须发布公告。《政府和社会资本合作项目政府采购管理办法》（财库〔2014〕215 号）第八条规定："资格预审结果应当告知所有参与资格预审的社会资本，并将资格预审的评审报告提交财政部门（政府和社会资本合作中心）备案"，文件对资格预审结果的要求是"告知"所有参与的社会资本方，而非"公告"。为了防止串标等行为发生、维护公平竞争秩序，不应将 PPP 资格预审结果公告，但须告知每一位参与资格预审的社会资本方。

29．PPP 项目社会资本方的采购人可以不是实施机构吗?

问题：PPP 项目社会资本方的采购工作，可以授权给实施机构以外的其他机构吗？

答案：实施机构组织 PPP 项目社会资本采购并签署合同，应在政府授权的范围内；如果在特别情况下政府需要将采购工作另行授予其他机构，也应该是可以的（但政府已经授权实施机构的，实施机构不得再转授权给其他人）。但按照《政府和社会资本合作项目政府采购管理办法》（财库〔2014〕215 号）第二条"本办法所称 PPP 项目采购，是指政府为达成权利义务平衡、物有所值的 PPP 项目合同，遵循公开、公平、公正和诚实信用原则，按照相关法规要求完成 PPP 项目识别和准备等前期工作后，依法选择社会资本合作者的过程。PPP 项目实施机构（采购人）在项目实施过程中选择合作社会资本（供应商），适用本办法”，以及第三条“PPP 项目实施机构可以委托政府采购代理机构办理 PPP 项目采购事宜”的规定，除非特殊需要，建议还是由实施机构作为采购人。

30. “两标并一标”的 PPP 项目中，施工合同的发包人是谁？

问题：请问在“两标并一标”的 PPP 项目中，施工合同的发包人是谁？

答案：“两标并一标”在 PPP 项目社会资本方采购过程中是很常见的，其法律依据是《招标投标法实施条例》第九条规定“可以不进行招标”情形的第（三）项“已通过招标方式选定的特许经营项目投资人依法能够自行建设、生产或者提供”。对上述规定的理解，PPP 项目的社会资本方作为该项目的“投资人”，又因其同时具备“通过招标方式选定的”，且“依法能够自行建设”两个必要条件，所以可以依法不再经过招标即成为该项目的施工承包方。需要说明的是项目实施机构通过招标确定的是社会资本方作为该 PPP 项目的“投资人”身份，而其作为“施工承包方”的身份则是在其成为该项目的“投资人”之后依据法律相关规定而产生的。

31. 垃圾、污水类 PPP 项目中政府按“保底供应量”“保底水量”支付最低付费，是否属于政府方“承诺保底收益”？

问题：垃圾、污水类 PPP 项目中多数都会设置有“保底量”的条件，是否属于财政部《关于推进政府和社会资本合作规范发展的实施意见》（财金〔2019〕10 号）中“存在政府方或政府方出资代表向社会资本回购投资本金、承诺固定回报或保障最低收益的”不规范行为？

答案：城市污水的排放量与城市建设发展规模、人口规模、产业，以及城市用水量计划等因素密切相关。在以量（处理量）付费模式的污废处理PPP项目中，“进厂污水”是项目运营中最重要的“原材料”，但却是运营方无法从公开市场上自由获得的，也无法通过改善自身的服务水平或提高处理质量而影响它的供应数量，属于社会资本一方无法控制的风险。“保底量”来源于“照付不议”的项目融资惯例，是按照“风险由最适宜的一方来承担”原则更适宜由政府方承担的“最低需求风险”，与“不承担”投资建设运营风险的“固定回报”有质的不同。

32. PPP项目是否必须要求履约担保？

问题： 履约担保作为PPP项目合同的核心边界条件，是否必须设置？

答案： 履约保证金属于中标人向招标人提供的用以保障其履行合同义务的担保。《招标投标法》第四十六条第二款规定：“招标文件要求中标人提交履约保证金的，中标人应当提交。”《政府采购法实施条例》第四十八条规定：“采购文件要求中标或者成交供应商提交履约保证金的，供应商应当以支票、汇票、本票或者金融机构、担保机构出具的保函等非现金形式提交。”从上述规定看，履约保证金并不是法律强制要求。《政府和社会资本合作项目政府采购管理办法》（财库〔2014〕215号）第二十一条规定：“项目实施机构应当在采购文件中要求社会资本交纳参加采购活动的保证金和履约保证金……履约保证金的数额不得超过PPP项目初始投资总额或者资产评估值的10%，无固定资产投资或者投资额不大的服务型PPP项目，履约保证金的数额不得超过平均6个月服务收入额。”由此看来，文件使用“应当”一词，也代表允许特殊和例外情况。但PPP项目合作时间长、合同履行受相关因素影响也较多，一般情况下应要求中标社会资本或项目公司提交履约担保，但须在招标（采购）文件中作出约定，并载明其形式、金额以及提交时间等具体要求。

33. PPP项目公司能否以划拨方式取得土地使用权?

问题: PPP模式适用于基础设施和公共服务领域的项目,大多数情况下项目用地都属于划拨目录范围,以划拨方式供地,但土地使用权是否可以划拨给项目公司呢?

答案: 土地用途管制和有偿、有期限使用土地是我国土地管理的两项基本制度。一是使用土地的单位和个人必须严格按照土地利用总体规划确定的用途使用土地;二是使用国有土地,应当以出让等有偿使用方式取得。但《中华人民共和国土地管理法》第五十四条规定了公共管理与公共服务用地、交通运输等用地可以划拨使用土地的例外情形。《划拨用地目录》(国土资源部令第9号)第二条规定:"符合本目录的建设用地项目,由建设单位提出申请,经有批准权的人民政府批准,方可以划拨方式提供土地使用权。"虽然在"扩大国有土地有偿使用范围,缩小划拨供地范围"的政策引导下,符合"目录"规定用途的最后也不一定以划拨的方式供应,但是,是否划拨却与主体无关,也与"民营"还是"国有"的性质无关。例如:北京市为鼓励社会资本投资建设非营利性的养老机构,在《北京市人民政府办公厅印发关于加快本市养老机构建设实施办法的通知》(京政办发〔2013〕56号)中就规定"政府投资建设的养老机构,依法采取划拨方式供地。社会资本投资建设的非营利性养老机构,依法采取划拨方式供地"。

实践中确实存在地方在决定供地方式时考虑土地使用人的所有制的问题,但已属于另外的讨论范畴。

34. PPP 项目申请到的政府预算内投资补助能否充当政府方出资？

问题：PPP 项目中政府方是否可以将已申请到位的政府预算内投资补助用于充当政府方在项目公司中的出资？

答案：根据《中央预算内投资补助和贴息项目管理办法》（国家发展改革委令第 45 号）和《国家发展改革委关于规范中央预算内投资资金安排方式及项目管理的通知》（发改投资规〔2020〕518 号）的相关规定，投资补助是指政府安排政府投资资金对市场不能有效配置资源、确需支持的经营性项目适当予以补助的方式，是“无偿”投入。政府方在 PPP 项目注入的资本金，由其指定的政府出资人代表行使所有者权益，项目建成后政府投资形成相应国有产权，具有“有偿”性。《政府和社会资本合作项目财政管理暂行办法》（财金〔2016〕92 号）第二十九条规定：“政府在 PPP 项目中通过存量国有资产或股权作价入股、现金出资入股或直接投资等方式形成的资产，应作为国有资产在政府综合财务报告中进行反映和管理。”二者在性质上截然不同，在财务核算和使用管理的要求上也明显不同。对收到的财政预算内投资补助的 PPP 项目应严格按照相关管理办法的要求使用补助资金。

35. 政府不参股就不算 PPP 项目吗？

问题：PPP 项目中政府方必须在项目公司中出资，否则就不是 PPP 项目吗？

答案：PPP 是政府和社会资本之间建立的一种长期合作关系。合作关系强调的是目标的一致、资源和利益的共享，以及风险的共担。合作双方在确定可合作的目标项目的前提下，共同出资成立项目公司进行项目操盘的股权投资合作，是比较典型的一种合作模式，但并非是唯一的。比如：授权特许经营。财政部 2014 年 12 月发布的《PPP 项目合同指南（试行）》第一章第一节第二条规定："项目公司可以由社会资本（可以是一家企业，也可以是多家企业组成的联合体）出资设立，也可以由政府和社会资本共同出资设立。"国家发展改革委 2014 年 12 月发布的《政府和社会资本合作项目通用合同指南》规定："如政府参股项目公司的，还应明确政府出资人代表、投资金额、股权比例、出资方式等。"所以，政府方不一定要参股项目公司，也可以由社会资本单独设立项目公司。政府在 PPP 项目中的出资既不是法定责任，也不是"必不可少"的监管方式。

36. PPP 项目实施机构和政府方出资人代表必须是同一主体吗？

问题：PPP 项目实施机构和政府方出资人代表可否不是同一主体？

答案：PPP 项目的实施机构在政府授权范围内，负责项目的准备、社会资本采购、签署合同，以及监管和移交等一系列工作，是本级政府在该项目中的代表，通常都由项目所属的行业主管部门担任。但是在"政企分开、政资分开、政事分开"的原则下，政府机关不能直接参与市场经营。所以，政府以资本金注入的方式参与 PPP 项目时，政府需要授权其他单位代表政府对财政出资的 PPP 项目公司履行出资人职责、行使出资人权利，这在客观上形成了实施机构与政府方出资人代表非同一人的结果。但在医院、学校等特殊行业，公立医院或学校等事业单位作为政府出资人代表的情况也极为常见。政府为提供公益服务，而利用国有资产设立的事业单位，作为项目的实施机构也符合《国家发展改革委关于开展政府和社会资本合作的指导意见》（发改投资〔2014〕2724 号）、《财政部关于推进政府和社会资本合作规范发展的实施意见》（财金〔2019〕10号）等现行规范性文件政策对PPP项目实施机构和合同签约主体的相关要求。

37. 新建PPP项目建设投资是否必须以审计结果为确认依据?

问题：新建PPP项目通常都会在建设完成后，按实际完成的投资额对付费或价格进行调整。对实际完成投资的确认是否必须以审计结果为依据？

答案：首先，政府投资审计是国家对固定资产投资活动实施监督的有效手段。审计机关对政府投资审计，是依法独立对建设单位的工程价款的“审定情况”进行审计监督，目的是反映工程结算管理中可能存在的问题，督促建设单位今后认真履行职责，提高投资绩效。“以审代结”，以审计结果直接作为建设合同双方结算的依据，是混淆了建设单位的管理责任和国家审计的监督责任。《审计署关于进一步完善和规范投资审计工作的意见》（审投发〔2017〕30号）以及2019年《审计署办公厅印发〈关于进一步完善和规范投资审计工作的意见〉贯彻落实中常见问题解答的通知》（审办投发〔2019〕9号）中，明确要求审计机关和审计人员“不得参与工程项目建设决策和审批、征地拆迁、工程招标、物资采购、质量评价、工程结算等管理活动”“不得参与拦标价制定、审查等管理活动”。在《全国人大常委会法工委对地方性法规中以审计结果作为政府投资建设项目竣工结算依据有关规定的研究意见》（法工委函〔2017〕2号）中也明确“审计法规范的是审计机关与被审计单位之间的行政关系，不是被审计单位与其合同相对方的民事合同关系。审计法的规定不宜直接引申为应当以审计结果作为被审计单位与施工单位进行结算的依据”，并要求“对地方性法规中直接规定以审计结果作为竣工结算的依据和规定应当在招标文件中载明或者在合同中约定以审计结果作为竣工结算依据的条款，应当予以清理纠正”。但对平等民事主体在合同中约定采用审计结果作为竣工结算依据的，《全国人大常委会法工委对地方性法规中以审计结果作为政府投资建设项目竣工结算依据有关规定的研究意见》也明确“审计机关应依照合同法等有关规定，尊重双方意愿”。

其次，“竣工结算”是指建设工程发承包双方根据国家有关法律、法规规定和合同约定，在承包人完成合同约定的全部工作后，对最终工程价款的调整和确定。而 PPP 项目需要进行确认的“竣工实际完成投资”中，工程结算仅是完成投资中的一部分，PPP 项目总投资的确认，应能正确核定项目最终交付资产的价值。所以，应以竣工财务决算审核结果进行确定。

38. PPP 项目的竣工验收应该由谁组织？ 实施机构是否必须参加？

问题：PPP 项目竣工验收时应该由哪个机构组织验收？实施机构是否必须参加？

答案：PPP 项目中，中标社会资本按照合同约定成立项目公司后，由项目公司作为项目法人，对资金筹措、建设实施、生产经营、偿还债务和资产的维护全过程负责，是项目的建设单位。按照《建设工程质量管理条例》规定，应由项目公司组织相关单位进行工程竣工验收。鉴于 PPP 项目提供的是公共产品和服务，项目实施机构代表政府既是合作方，也是项目服务的对象或服务对象的代表，按照《财政部关于进一步加强政府采购需求和履约验收管理的指导意见》（财库〔2016〕205 号）中“政府向社会公众提供的公共服务项目，验收时应当邀请服务对象参与并出具意见，验收结果应当向社会公告”的规定，实施机构也应该参与验收并出具验收意见。

39. 计算建设期利息的“建设期”和 PPP 项目合作期中包含的“建设期”是一致的吗?

问题：PPP 项目的合作期包含了建设期和运营期，这里的建设期是从何时开始到何时结束？和计算建设期利息的“建设期”是一致的吗？

答案：建设期利息，是在建设期内发生的为工程项目筹措资金的融资费用及债务资金利息。按照规定可以资本化，并计入项目总投资。按照现行的《企业会计准则第 17 号——借款费用（财会〔2006〕3 号）》中关于借款费用资本化的规定，同时满足“（一）资产支出已经发生，资产支出包括为购建或者生产符合资本化条件的资产而以支付现金、转移非现金资产或者承担带息债务形式发生的支出；（二）借款费用已经发生；（三）为使资产达到预定可使用或者可销售状态所必要的购建或者生产活动已经开始”三个条件才能开始资本化。按照上述规定，建设期利息的计算期间应从开工或借款到位（二者较晚的时间）开始计息，到竣工投产结束。而 PPP 项目合作期中的“建设期”和“运营期”是从项目全生命周期来划分的，包含了项目决策阶段、设计阶段、准备阶段和实施阶段，通常是以项目合同签署生效日为始，至竣工验收合格为止。二者结束时点相同，但开始时间会有差别。

40. 项目公司的注册资本是否必须与项目资本金数额相等?

问题：对于投资规模大的 PPP 项目，即使按照国务院规定的最低项目资本金要求来设置项目公司的注册资本，也是数额巨大，项目公司注册资本与资本金是否必须一致？

答案：投资项目资本金，是国家为约束投资风险、有效提高投资效益，要求在投资项目总投资中必须筹集一定比例的非债务性资金，项目法人不承担这部分资金的任何利息和债务。《国务院关于加强固定资产投资项目资本金管理的通知》（国发〔2019〕26号）要求“适用资本金制度的投资项目，属于政府投资项目的，有关部门在审批可行性研究报告时要对投资项目资本金筹措方式和有关资金来源证明文件的合规性进行审查，并在批准文件中就投资项目资本金比例、筹措方式予以确认；属于企业投资项目的，提供融资服务的有关金融机构要加强对投资项目资本金来源、比例、到位情况的审查监督”。财政部在《关于规范政府和社会资本合作（PPP）综合信息平台项目库管理的通知》（财办金〔2017〕92号）（以下简称“92号文”）也规定“未按时足额缴纳项目资本金、以债务性资金充当资本金”的为不规范项目，须从PPP项目库中清退。

但项目公司注册资本，是企业在登记机关依法登记的全体股东认缴的出资额。虽然和项目资本金均属于权益性资金，但非同一概念，也无必然联系。只是由于PPP项目的项目公司是为了实施该项目而新设的企业法人，其自有资金全部来源于股东的出资。在PPP项目实务中，常将项目资本金作为PPP项目公司注册资本金中的实收资本，目的在于确保项目投资安全，并符合“92号文”的合规性要求。虽然这种处理方式简单、有效，但确实也存在当项目投资规模较大时会造成资金沉淀的情况，也可能会影响投资人的回报，因此可视具体项目情况，并充分考虑项目的可融资性之后，合理设置项目公司的注册资金。

41. “立项”批准文件是指建议书批复，还是可行性研究报告的批复？

问题：PPP项目入库时需要提交“立项”批准文件，是指建议书批复，还是可行性研究报告的批复？

答案：“立项”是对实行审批制管理的建设项目取得国家投资主管部门许可的一种通俗说法，立项批复指对项目建议书的批复。但是，项目建议书是对项目建设的必要性、主要建设内容、拟建地点、拟建规模、投资匡算、资金筹措以及社会效益和经济效益等进行初步分析。项目建议书批准后，项目单位应当委托工程咨询机构编制可行性研究报告，对项目在技术和经济上的可行性以及社会效益、节能、资源综合利用、生态环境影响、社会稳定风险等进行全面分析论证，落实各项建设和运行保障条件。项目建议书和可行性研究报告在研究论证的内容和深度上是不同的，经批准的可行性研究报告才应该是确定建设项目的依据。按照《国家发展改革委关于依法依规加强PPP项目投资和建设管理的通知》（发改投资规〔2019〕1098号）中的相关要求，在实施PPP项目前期准备，以及社会资本采购工作前，应该先完成项目可行性研究论证，并取得相关许可、审查意见。

42. 总投资收益率和投资内部收益率，哪个指标更能反映社会资本方的合理回报要求？

问题：PPP项目进行项目财务测算分析时，总投资收益率和投资内部收益率，哪个指标更能反映社会资本方的合理回报要求？更适合作为采购社会资本方的竞争标的？

答案：总投资收益率（ROI）指项目达产后年平均息税前利润与项目总投资的比率，用来表示总投资的盈利水平。项目投资内部收益率（IRR）是指能使项目计算期内净现金流量现值累计等于零时的折现率，也用来反映项目的盈利能力。但ROI属于静态分析指标，而IRR则是利用现金流量法通过对项目未来现金流量的预测和分析得出的结果，充分考虑了资金的

“时间价值”成本。PPP 项目合作期长达 10～30 年，财务分析结论应以动态分析指标为主。但要注意的是，现金流量的发生时间点和数量都会对 IRR 指标结果形成影响，作为竞争采购的标的须充分考虑该指标在实际情况与预测情况发生变化的情况下，对价格进行调整时的应用方法和条件。相比之后，静态指标的应用可能更简单、更易处理一些，应视具体项目的情况具体分析。

43. PPP 项目含多个子项目，立项时可以按子项目分别立项吗？

问题： 某 PPP 项目包含了多个子项目，立项时可以按照子项目分别立项吗？

答案： PPP 模式是一种项目运作方式，并非指一类项目。对于将两个或两个以上的功能相对独立的子项目“捆绑”统一采用 PPP 模式运作，现行规定中并未有对此类项目必须按“整体”进行立项的要求，事实上也并不需要。但每个子项目都需要按规定完成可行性研究论证，履行审批、核准、备案手续。而且，出于对社会资本完成项目应具备的能力要求考虑，这种捆绑打包的子项目应属于同一类型，或对社会资本具有相同的能力要求。要严格执行财政部《关于推进政府和社会资本合作规范发展的实施意见》（财金〔2019〕10 号）要求，不得为了规避政府付费项目的入库条件限制，将“项目内容无实质关联”的项目打包捆绑。

44. PPP 项目可行性研究报告总投资中可以包含“征地拆迁安置补偿费”吗？

问题： PPP 项目可行性研究报告总投资中可以包含“征地拆迁安置补

偿费”吗？是否符合PPP项目主体不得作为项目主体参与土地收储和前期开发等工作的要求？

答案：土地收储是指政府国土资源管理部门为实现调控土地市场、促进土地资源合理利用目标，依法取得土地，进行前期开发、储存以备供应土地的行为。按照《关于规范土地储备和资金管理等相关问题的通知》（财综〔2016〕4号）规定，土地储备工作只能由纳入名录管理的土地储备机构承担，且每个县级以上（含县级）法定行政区划原则上只能设置一个土地储备机构。PPP项目主体依法不得参与土地收储工作。项目可行性研究报告中“征地拆迁安置补偿费”通常应指为取得项目建设用地使用权，按规定应该支付的有偿使用费（以出让方式取得）或缴纳的补偿、安置等费用（以划拨方式取得），也称“土地取得费用”，是项目总投资的组成部分，并非一定“参与土地收储和前期开发工作”，但可行性研究报告总投资中列支上述成本应仅限于取得“本项目”用地需要支付的部分。

45. 本级政府所属的其他国有企业是否可以作为社会资本方参与PPP项目？

问题：对本级政府所属的各类融资平台公司不得作为社会资本方参与本级政府和社会资本合作项目已很明确，但本级政府出资的其他非平台类的国有企业可以作为社会资本方参与本级PPP项目吗？

答案：《国务院办公厅转发财政部 发展改革委 人民银行关于在公共服务领域推广政府和社会资本合作模式指导意见的通知》（国办发〔2015〕42号）规定，取消了对已剥离政府融资功能的平台公司不得参与本级PPP项目的限制，但未对本级政府其他控股国有企业明确规定。《关于推进政府和社会资本合作规范发展的实施意见》（财金〔2019〕10号）规定的“本级政府所属的各类融资平台公司、融资平台公司参股并能对其经营活动构成实质性影响的国有企业作为社会资本参与本级 PPP 项目的”属于不规范行为，也未对本级政府其他控股国有企业是否允许参与本级 PPP 项目作出明确规定。从《国务院办公厅转发财政部 发展改革委 人民银行关于在公共服务领域推广政府和社会资本合作模式指导意见的通知》中对社会资本的定义修正来理解，对本级政府其他国有企业作为社会资本参与本级 PPP 项目目前没有限制。